Gesund und lecker!

VEGETARISCH

Bath • New York • Cologne • Melbourne • Delhi
Hong Kong • Shenzhen • Singapore • Amsterdam

INHALT

EINLEITUNG

Ob Sie sich grundsätzlich vegetarisch ernähren oder einfach nur Ihren Fleisch-, Fisch- und Meeresfrüchtekonsum einschränken wollen: In diesem Buch finden Sie eine Vielzahl köstlicher und vielseitiger vegetarischer Gerichte für jeden Geschmack: leichte Vorspeisen, einfache Snacks, gehaltvolle Hauptgerichte und natürlich auch verlockende Desserts.

Die Gerichte, die wir für dieses Buch zusammengetragen haben, sehen appetitlich aus und stecken voller Geschmack. Sie werden staunen, wie kreativ und variantenreich die vegetarische Küche sein kann.

Wir eröffnen das Buch mit Suppen, die an kalten Tagen wunderbar wärmen, und außergewöhnlichen Salatkreationen, die für besonderen Genuss sorgen. Erfreuen Sie sich an beliebten Klassikern wie Pilzcremesuppe, Kartoffelsuppe mit Porree oder Pastasalat mit Tomaten & Oliven.

Wenn Sie gern etwas Neues ausprobieren, wählen Sie beispielsweise Selleriesuppe mit Käsestangen, Röstgemüsesuppe mit Ingwer, Brokkolisalat oder Regenbogensalat mit Wasabidressing.

Das zweite Kapitel enthält schnelle, unkomplizierte Gerichte – ideal für ein einfaches Abendessen, als leichte Mittagsmahlzeit oder als kleiner Snack zwischendurch. Entdecken Sie neue, köstliche Varianten von Pizza und Pasta oder Pfannengerichte, die im Nu fertig sind. Sie haben die Wahl zwischen Gerichten wie Bagels mit Mozzarella, Wraps mit Roter Bete & Roquefort oder Wildpilzomelett.

Weiter geht es mit beliebten Familiengerichten, die sich bequem im Alltag zubereiten lassen, wie beispielsweise Makkaroniauflauf, Cannelloni mit Spinat & Ricotta, Würzige Gemüselasagne oder ein nahrhaftes Süßkartoffel-Curry, ein köstlicher Gemüsechili, herzhafte Überbackene Ofenkartoffeln und raffiniert zubereitete Süßkartoffelravioli mit Salbeibutter.

Natürlich gehört in ein vegetarisches Kochbuch auch ein Kapitel mit Rezepten für besondere Anlässe. Hierunter finden Sie Gerichte, mit denen Sie Familie und Freunde beeindrucken können. Mit diesen Rezepten können Sie Ihr kreatives Können in der

Küche unter Beweis stellen und die Gerichte nach Belieben variieren. Wir präsentieren herzhafte Kuchen wie Tarte Tatin mit Karotten oder Zwiebeltarte, aber auch bewährte Reisgerichte wie Kürbis-Maronen-Risotto oder Vegetarische Paella. Nussliebhaber werden an dem Topinambur-Haselnuss-Gratin oder Nussbraten mit Cranberry-Rotwein-Sauce ihre Freude haben, und Getreidefans werden die Gefüllten Auberginen oder den Kürbistopf mit Grünkohl & Dinkel mögen.

Das Beste haben wir uns für den Schluss aufbewahrt. Das letzte Kapitel verführt Sie mit sensationellen Desserts. Es umfasst Rezepte für Kuchen, Torten und Törtchen, Crumbles, Pies, Soufflés, Cremespeisen, Sorbets, Eiscreme und vieles mehr. Da gibt es vertraute warme Klassiker wie Gebackener Milchreis, Apfel-Brombeer-Crumble oder Zitronenkuchen, aber auch gekühlte Desserts wie Limettenkuchen, Rotweinsorbet oder Sommerliche Pawlowa. Schokoholics werden sich über Mousse au Chocolat, Cappuccino-Soufflés, Feine Schokotörtchen oder Eiskonfekt freuen.

Man unterscheidet im Wesentlichen drei verschiedene Arten von vegetarischer Ernährung. Lakto-ovo-Vegetarier essen kein rotes Fleisch (auch kein Wild), kein Geflügel, keinen Fisch und keine Meeresfrüchte – also kein Fleisch von Tieren –, wohl aber Milchprodukte und Eier. Lakto-Vegetarier essen ebenfalls kein rotes Fleisch (auch kein Wild), kein Geflügel, keinen Fisch, keine Meeresfrüchte und keine Eier, nehmen aber Milchprodukte zu sich. Veganer essen dagegen nicht nur kein rotes Fleisch (auch kein Wild), kein Geflügel, keinen Fisch und keine Meeresfrüchte, sondern sie verzichten außerdem auf alle tierischen Produkte wie Eier, Milchprodukte oder Honig.

Trotzdem kann vegetarische Ernährung ausgewogen und nährstoffreich sein. Wer jeden Tag mehrere Zutaten aus verschiedenen Lebensmittelgruppen zu sich nimmt (je nach Ernährungskonzept z. B. Hülsenfrüchte, Obst, Gemüse, Getreide, Nüsse und Samen sowie eventuell Milchprodukte und Eier), ernährt sich gesund und riskiert keine Mangelerscheinungen.

SUPPEN & SALATE

Porree-Spinat-Suppe

Für 4 Personen   Vorbereitung: 20 Min.   Garzeit: 45 Min.

Zutaten

25 g Butter

2 Porreestangen, längs halbiert und in dünnen Ringen

250 g Kartoffeln, gewürfelt

300 g frischer Spinat, Stiele entfernt, Blätter in Streifen

300 ml heiße Gemüsebrühe

1 TL Zitronensaft

1 Prise frisch geriebene Muskatnuss

Meersalz und Pfeffer

saure Sahne, zum Servieren

Zubereitung

1 Die Butter in einem Topf bei mittlerer bis geringer Hitze zerlassen. Porree und Kartoffeln zugeben und abgedeckt 10 Minuten dünsten, bis das Gemüse beginnt, weich zu werden.

2 Zwei Drittel des Spinats zufügen. Abdecken und 2–3 Minuten dünsten, bis der Spinat zusammenfällt. Mit Salz und Pfeffer würzen. Die Hälfte der Brühe zugießen, zum Kochen bringen und halb abgedeckt 20 Minuten köcheln.

3 Die Hälfte der Suppe in einer Küchenmaschine fein pürieren. Dann zurück in den Topf geben.

4 Den verbliebenen rohen Spinat mit der restlichen Brühe pürieren und ebenfalls in den Topf geben. Zitronensaft und Muskat unterrühren und sanft erhitzen.

5 Auf Suppenschalen verteilen, mit je 1 Löffel saure Sahne garnieren und sofort servieren.

Variation

Statt Spinat können Sie auch nahrhaften Grünkohl verwenden.

Karottensuppe mit Koriander

Für 6 Personen   **Vorbereitung: 15 Min.** plus Abkühlzeit   **Garzeit: 45 Min.**

Zutaten

3 EL Olivenöl

1 rote Zwiebel, gehackt

1 große Kartoffel, gehackt

1 Selleriestange, gehackt

500 g Karotten, gehackt

1 l Gemüsebrühe

1 EL Butter

2 TL Koriandersamen, zerdrückt

1½ EL frisch gehackter Koriander, plus etwas mehr zum Garnieren

225 ml Milch

Salz und Pfeffer

Zubereitung

1 Das Öl in einem großen Topf erhitzen. Die Zwiebel darin bei niedriger Temperatur unter gelegentlichem Rühren 5 Minuten dünsten, bis sie weich ist.

2 Kartoffel und Sellerie zugeben und unter gelegentlichem Rühren 5 Minuten mitgaren. Die Karotten zufügen und abgedeckt weitere 5 Minuten garen. Dann die Temperatur stark reduzieren und das Gemüse noch 10 Minuten garen. Den Topf gelegentlich rütteln.

3 Die Brühe zugießen und zum Kochen bringen, dann abdecken und 10 Minuten köcheln lassen, bis das Gemüse gar ist.

4 Inzwischen die Butter in einer Pfanne zerlassen. Die Koriandersamen darin unter ständigem Rühren 1 Minute rösten. Den gehackten Koriander zugeben und unter ständigem Rühren 1 Minute mitbraten.

5 Die Suppe vom Herd nehmen und etwas abkühlen lassen. Im Mixer glatt pürieren – falls nötig, portionsweise. Dann die Suppe zurück in den ausgespülten Topf geben, Koriandermischung und Milch einrühren und mit Salz und Pfeffer würzen. Behutsam erhitzen, mit gehacktem Koriander bestreuen und servieren.

Selleriesuppe mit Käsestangen

Für 4 Personen **Vorbereitung: 35 Min.** **Garzeit: 40 Min.**

Zutaten

3 EL Olivenöl

1 Zwiebel, gehackt

1 Sellerieknolle, geschält und gewürfelt

1 l Gemüsebrühe

1 kleines Bund frischer Thymian, gehackt

Salz und Pfeffer

frische Thymianzweige, zum Garnieren

Käsestangen

375 g Blätterteig, Tiefkühlware aufgetaut

Mehl, zum Bestäuben

1 Ei, verquirlt

100 g fein geriebener Parmesan

Pfeffer

Zubereitung

1 Das Öl in einer Pfanne bei mittlerer Temperatur erhitzen und die Zwiebel darin unter häufigem Rühren 4–5 Minuten weich dünsten, aber nicht anbräunen.

2 Den Sellerie zufügen und unter Rühren 3–4 Minuten dünsten. Brühe und Thymian zugeben. 25 Minuten köcheln, bis der Sellerie gar ist. Unterdessen den Backofen auf 200 °C vorheizen.

3 Für die Käsestangen den Blätterteig auf einer bemehlten Arbeitsfläche dünn ausrollen. Mit der Hälfte des Eis bestreichen, mit der Hälfte des Käses und gut mit Pfeffer bestreuen.

4 Den Teig in der Mitte falten. Mit dem verbliebenen Ei bestreichen, mit dem restlichen Käse und mit Pfeffer bestreuen. Zwei Backbleche mit Backpapier auslegen.

5 Den Teig in etwa 1 cm breite Streifen schneiden, die Streifen längs verdrehen und so Spiralen herstellen. Auf die vorbereiteten Backbleche legen und im Ofen 5 Minuten backen, bis sie knusprig und goldgelb sind.

6 Die Suppe im Topf mit einem Pürierstab pürieren und wieder erhitzen. Mit Salz und Pfeffer abschmecken.

7 Die Suppe in vorgewärmte Suppenschalen geben, mit Thymian garnieren und mit den Käsestangen servieren.

Tomatensuppe

Für 4 Personen   Vorbereitung: 15 Min.   Garzeit: 35 Min.

Zutaten

25 g Butter

2 EL Olivenöl

1 große Zwiebel, fein gehackt

2 Knoblauchzehen, fein gehackt

1 Selleriestange, fein gehackt

500 g Eiertomaten, gehäutet,
entkernt und gehackt

2 EL Tomatenmark

100 ml Wasser

brauner Zucker (nach Geschmack)

1 EL frisch gehacktes Basilikum, plus
etwas mehr zum Garnieren

300 ml Gemüsebrühe

Salz und Pfeffer

Zubereitung

1 Die Butter mit dem Öl in einem Topf erhitzen. Zwiebel, Knoblauch und Sellerie darin bei geringer Temperatur 5 Minuten
unter Rühren weich dünsten. Tomaten, Tomatenmark und
Wasser einrühren. Auf mittlere Hitze erhöhen, zum Kochen
bringen und bei reduzierter Hitze unter gelegentlichem Rühren
10 Minuten köcheln lassen.

2 Die Hitze erhöhen, Zucker nach Geschmack, Basilikum und
Brühe zufügen sowie mit Salz und Pfeffer würzen. Einmal aufkochen, dann bei reduzierter Hitze 10 Minuten köcheln lassen.

3 Die Suppe mit Salz und Pfeffer abschmecken, auf vorgewärmte
Suppenschalen verteilen, mit Basilikum garnieren und sofort
servieren.

Süßkartoffel-Apfel-Suppe

Für 6 Personen   Vorbereitung: 20 Min.   Garzeit: 50 Min.
                        plus Abkühlzeit

Zutaten

1 EL Butter

3 Porreestangen, in dünnen Ringen

1 große Karotte, in dünnen Scheiben

600 g Süßkartoffeln, gewürfelt

2 große Kochäpfel, geschält, entkernt und gewürfelt

1,2 l Wasser

frisch geriebene Muskatnuss

225 ml Apfelsaft

225 g Sahne

Salz und Pfeffer

frisch gehackter Koriander oder Schnittlauch, zum Garnieren

Zubereitung

1 Die Butter in einem großen Topf bei mittlerer bis geringer Hitze zerlassen.

2 Den Porree zufügen und 6–8 Minuten unter häufigem Rühren dünsten, bis er weich ist.

3 Karotte, Süßkartoffeln, Äpfel und Wasser zugeben. Leicht mit Salz, Pfeffer und Muskat würzen. Einmal aufkochen, dann bei reduzierter Hitze abgedeckt etwa 20 Minuten unter gelegentlichem Rühren köcheln, bis das Gemüse weich ist.

4 Die Suppe leicht abkühlen lassen, dann im Topf mit einem Pürierstab glatt pürieren.

5 Den Apfelsaft unterrühren und die Suppe auf geringer Hitze etwa 10 Minuten köcheln lassen.

6 Die Sahne zugießen und weitere 5 Minuten unter häufigem Rühren köcheln, bis die Suppe gut erhitzt ist. Abschmecken und bei Bedarf nachwürzen.

7 Die Suppe auf vorgewärmte Suppenschalen verteilen, mit Koriander garnieren und noch heiß servieren.

Pilzcremesuppe

Für 4 Personen

Vorbereitung: 15 Min. plus Abkühlzeit

Garzeit: 1 Std. 40 Min.– 1 Std. 50 Min.

Zutaten

120 g Butter

900 g kleine weiße Champignons, in dicken Scheiben

1 Zwiebel, grob gehackt

1 EL Mehl

1 l Gemüsebrühe

225 ml Wasser

Blätter von 6 frischen Thymianzweigen, plus etwas mehr zum Garnieren

3 Knoblauchzehen

225 g Sahne

Salz und Pfeffer

Zubereitung

1 Die Butter in einem großen Topf bei mittlerer Temperatur zerlassen. Die Pilze und 1 Prise Salz zugeben. Unter gelegentlichem Rühren 20–30 Minuten braten, bis die Pilze goldbraun sind. Einige Pilze beiseitelegen.

2 Die Zwiebel zugeben und bei mittlerer bis niedriger Temperatur etwa 5 Minuten mitgaren. Das Mehl zufügen und 1 Minute anschwitzen, dabei ständig rühren. Brühe und Wasser einrühren. Thymian und Knoblauch zufügen und die Brühe zum Kochen bringen. Auf niedrige Temperatur umschalten und abgedeckt 1 Stunde köcheln lassen.

3 Die Suppe vom Herd nehmen und ohne Deckel 15 Minuten abkühlen lassen. Im Mixer glatt pürieren, bei Bedarf portionsweise.

4 Die Suppe wieder in den ausgespülten Topf geben und vorsichtig erhitzen; nicht mehr kochen lassen. Mit der Sahne verfeinern und abschmecken. Mit den restlichen Pilzen und dem Thymian garnieren und heiß servieren.

Brokkoli-Roquefort-Suppe  19

Für 4–6 Personen | Vorbereitung: 20 Min. plus Abkühlzeit | Garzeit: 40–45 Min.

Zutaten

40 g Butter

2 Zwiebeln, gehackt

1 große Kartoffel, gehackt

750 g Brokkoliröschen

1,5 l Gemüsebrühe

150 g Roquefort, gewürfelt

1 Prise gemahlene Muskatblüte

Salz und Pfeffer

Croûtons, zum Garnieren

Zubereitung

1 Die Butter in einem großen Topf zerlassen. Zwiebeln und Kartoffel darin abgedeckt bei schwacher Hitze 7 Minuten garen. Den Brokkoli zugeben, den Topf wieder abdecken und das Gemüse weitere 5 Minuten garen.

2 Die Gemüsebrühe zugießen und bei mittlerer Hitze aufkochen. Dann die Hitze reduzieren, die Suppe mit Salz und Pfeffer würzen und abgedeckt 15–20 Minuten köcheln lassen, bis das Gemüse weich ist.

3 Den Topf vom Herd nehmen, die Brühe in eine Schüssel abseihen, das Gemüse beiseitestellen und leicht abkühlen lassen. Dann das Gemüse mit einem Schöpflöffel Brühe in der Küchenmaschine glatt pürieren. Nach und nach bei laufendem Motor die restliche Brühe zugeben.

4 Die Suppe wieder in den ausgespülten Topf geben und sanft erhitzen, aber nicht aufkochen. Den Topf vom Herd nehmen und den Käse gut einrühren, bis er geschmolzen und gleichmäßig verteilt ist. Die Muskatblüte unterrühren und die Suppe abschmecken. In vorgewärmte Schalen geben, mit Croûtons garnieren und sofort servieren.

Erbsen-Kräuter-Suppe mit Basilikumöl

Für 4 Personen   Vorbereitung: 20 Min. plus Abkühlzeit   Garzeit: 25 Min.

Zutaten

25 g Butter

6 Frühlingszwiebeln, gehackt

1 Selleriestange, fein gehackt

400 g gefrorene oder frische gepalte Erbsen

700 ml Gemüsebrühe

2 EL frisch gehackter Dill

1 EL Schnittlauchröllchen

40 g Rucola

2 EL Crème fraîche

Salz und Pfeffer

Grissini, zum Servieren

Basilikumöl

1 Bund (25 g) Basilikum

200 ml Olivenöl

Zubereitung

1 Die Butter in einem Topf bei mittlerer Hitze zerlassen. Frühlingszwiebeln und Sellerie zugeben, abdecken und 5 Minuten dünsten. Erbsen und Brühe zufügen, aufkochen und 10 Minuten köcheln lassen. Vom Herd nehmen. Zugedeckt 20 Minuten abkühlen lassen.

2 In der Zwischenzeit für das Basilikumöl die Basilikumblätter abzupfen und mit der Hälfte des Öls im Mixer pürieren. Das restliche Öl hinzugießen und erneut mixen. In eine kleine Schale umfüllen.

3 Dill, Schnittlauch und Rucola in die Suppe geben und mit dem Pürierstab alles glatt pürieren. Die Crème fraîche einrühren. Die Suppe sanft wieder erhitzen, ohne sie zu kochen, und mit Salz und Pfeffer abschmecken.

4 Die Suppe auf vier Suppenschalen verteilen und mit dem Basilikumöl beträufeln. Mit Grissini servieren. Alternativ die Suppe vollständig auskühlen lassen und mindestens 1 Stunde in den Kühlschrank stellen, dann abschmecken und servieren.

Gazpacho aus gelben Tomaten

Für 4–6 Personen   Vorbereitung: 30–35 Min.   Garzeit: Keine
plus Abkühlzeit

Zutaten

900 g große gelbe Tomaten, halbiert

½ Salatgurke, geschält, entkernt und gewürfelt

1 gelbe Paprika, gewürfelt

3 große Frühlingszwiebeln, fein gehackt

1–2 frische grüne Chilis, entkernt und fein gehackt

2 EL Weißweinessig

3 EL natives Olivenöl extra, plus etwas mehr zum Beträufeln

4 Knoblauchzehen

½ EL Meersalz (nach Geschmack mehr)

¼ TL Pfeffer (nach Geschmack mehr)

¼ TL Zucker

100 g rote Cocktailtomaten, entkernt und gehackt

1 kleine Handvoll Basilikumblätter, in Streifen, zum Garnieren

Knoblauch-Croûtons, zum Servieren

Zubereitung

1   Mit einem Löffel Kerne und Saft aus den gelben Tomaten kratzen. Kerne und Saft durch ein über einer Schüssel platziertes Sieb streichen. Das Fruchtfleisch klein würfeln und mit in die Schüssel geben. Je 4 Esslöffel Gurken- und Paprikawürfel beiseitestellen.

2   Die verbliebenen Gurken- und Paprikawürfel zu den gelben Tomatenwürfeln geben. Frühlingszwiebeln, Chilis, Essig und Öl zufügen. Die Tomatenmischung in eine Küchenmaschine geben und 2 Minuten sehr fein pürieren. Zurück in die Schüssel geben.

3   Den Knoblauch mit dem Salz in einem Mörser zerstoßen und mit Pfeffer und Zucker zu den pürierten Tomaten geben. Für einige Stunden in den Kühlschrank stellen.

4   Abschmecken und bei Bedarf mehr Salz und Pfeffer zufügen. Die gekühlte Suppe auf Suppenteller verteilen. Mit den beiseitegestellten Paprika- und Gurkenwürfeln sowie den Cocktailtomaten bestreuen. 1 Spritzer Öl und Basilikum zufügen und mit Knoblauch-Croûtons servieren.

Pilz-Tofu-Laksa mit Nudeln

Für 4 Personen   Vorbereitung: 25 Min.   Garzeit: 10–15 Min.

Zutaten

850 ml Gemüsebrühe

400 ml Kokosmilch aus der Dose

250 g Shiitake-Pilze, Stiele entfernt und in dünnen Scheiben

150 g fester Tofu, gewürfelt

2 EL Tomatenmark

175 g feine Eiernudeln

Salz und Pfeffer

8 Frühlingszwiebeln, in Ringen, und 4 EL frisch gehackte Minzeblätter, zum Garnieren

Gewürzpaste

2 frische rote Chilis, entkernt und gehackt

4-cm-Stück Ingwerwurzel, gehackt

2 große Knoblauchzehen, gehackt

2 Zitronengrasstängel, die faserigen äußeren Blätter entfernt und gehackt

1 TL Koriandersamen, zerstoßen

6 Macadamianüsse, gehackt

1 kleine Handvoll frische Korianderblätter

3 EL Pflanzenöl

Zubereitung

1 Die Zutaten für die Gewürzpaste in eine Küchenmaschine oder einen Mixer geben und zu einer glatten Paste verarbeiten.

2 Einen Wok auf mittlerer Stufe erhitzen, die Gewürzpaste hineingeben und 30 Sekunden anbraten. Gemüsebrühe und Kokosmilch zugießen und aufkochen. Pilze, Tofu und Tomatenmark zufügen und mit Salz und Pfeffer abschmecken. 5 Minuten sanft köcheln lassen.

3 Die Nudeln in einem Topf mit Wasser 3–4 Minuten oder nach Packungsangabe kochen, bis sie weich sind. Auf vier große Suppenschalen verteilen. Die würzige Brühe-Gemüse-Mischung über die Nudeln gießen, mit Frühlingszwiebeln und Minzeblättern garnieren und sofort servieren.

Röstgemüsesuppe mit Ingwer

Für 4–6 Personen   Vorbereitung: 25 Min.   Garzeit: 35–40 Min.

Zutaten

1 Zwiebel

½ kleine Steckrübe

1 Süßkartoffel

2 Karotten

1 Kartoffel

5 EL Olivenöl

2 EL Tomatenmark

¼ TL Pfeffer

2 große Knoblauchzehen

2 EL Erdnussöl

2 5-cm-Stücke Ingwerwurzel, in sehr kleinen Stücken

850 ml heiße Gemüsebrühe

½ TL Meersalz

Crème fraîche und grob gehackte, frische glatte Petersilie, zum Garnieren

Zubereitung

1 Den Backofen auf 190 °C vorheizen. Das Gemüse schälen und in gleich große Stücke schneiden. Olivenöl, Tomatenmark und Pfeffer in einer großen Schüssel verrühren. Gemüse und Knoblauch zugeben und gut in der Tomatenpaste wenden.

2 Das Gemüse in einem Bräter verteilen und 20 Minuten im Ofen backen, bis der Knoblauch gar ist. Den Knoblauch herausnehmen und beiseitestellen. Das übrige Gemüse 10–15 Minuten weiterrösten, bis es gar ist.

3 Unterdessen das Erdnussöl in einer Pfanne bei hoher Temperatur erhitzen. Den Ingwer darin unter ständigem Rühren 1–2 Minuten anbraten, bis er knusprig ist. Den Ingwer sofort aus der Pfanne nehmen und auf Küchenpapier abtropfen lassen. Beiseitestellen und warm halten.

4 Den Knoblauch und das übrige Gemüse in einer Küchenmaschine in kurzen Intervallen zu einem groben Püree zerkleinern. Das Püree mit der Brühe in einen Topf füllen. Salzen und unter Rühren 1–2 Minuten köchelnd erhitzen.

5 Die Suppe auf vorgewärmte Suppenschalen verteilen und jeweils 1 Löffel Crème fraîche daraufgeben. Mit dem gerösteten Ingwer und der Petersilie bestreuen und sofort servieren.

Kartoffelsuppe mit Porree

Für 6 Personen   Vorbereitung: 15 Min.   Garzeit: 30 Min.

Zutaten

50 g Butter

1 Zwiebel, gehackt

3 Porreestangen, in Ringen

250 g Kartoffeln, in 2 cm
großen Würfeln

850 ml Gemüsebrühe

Salz und Pfeffer

150 g Sahne, zum Servieren

frische Schnittlauchröllchen,
zum Garnieren

Zubereitung

1 Die Butter in einem großen Topf bei mittlerer Temperatur zerlassen. Zwiebel, Porree und Kartoffeln darin 2–3 Minuten dünsten,
bis sie weich sind, aber nicht braun werden lassen. Die Brühe
zugießen und zum Kochen bringen. Die Temperatur reduzieren
und abgedeckt 15 Minuten köcheln lassen.

2 Vom Herd nehmen, mit einem Pürierstab glatt pürieren.

3 Behutsam wieder aufwärmen und mit Salz und Pfeffer würzen.
In vorgewärmte Suppenschalen füllen, mit einer Sahnespirale
und Schnittlauch garnieren und sofort servieren.

Rustikale Gemüsesuppe

Für 4 Personen   Vorbereitung: 15 Min.   Garzeit: 20–25 Min.

Zutaten

1 rote Zwiebel

1 Selleriestange

1 Zucchini

2 Karotten

2 EL Sonnenblumenöl

400 g gehackte Tomaten aus der Dose

300 ml Gemüsebrühe

1 großer frischer Thymianzweig

Salz und Pfeffer

frisch gehackter Thymian, zum Garnieren

Zubereitung

1 Zwiebel, Sellerie, Zucchini und Karotten in 1 cm große Würfel schneiden.

2 Das Öl in einem großen Topf bei mittlerer Temperatur erhitzen. Die Gemüsewürfel zugeben und unter gelegentlichem Rühren 5 Minuten dünsten, aber nicht braun werden lassen.

3 Tomaten, Brühe und Thymianzweig zugeben. Zum Kochen bringen, dann die Temperatur reduzieren. Abdecken und 10–15 Minuten köcheln lassen, bis das Gemüse gerade gar ist. Den Thymian herausnehmen. Mit Salz und Pfeffer abschmecken.

4 Die Suppe in vorgewärmte Suppenschalen geben. Mit gehacktem Thymian garnieren und sofort servieren.

Zucchini-Brunnen-kresse-Salat

Für 4 Personen   Vorbereitung: 15 Min. plus Abkühlzeit   Garzeit: 12 Min.

Zutaten

2 Zucchini, in großen Stiften

100 g grüne Bohnen, gedrittelt

1 grüne Paprika, in Streifen

2 Selleriestangen, gehackt

1 Bund Brunnenkresse

Salz

Dressing

200 g Naturjoghurt

1 Knoblauchzehe, zerdrückt

2 EL frisch gehackte Minze

Pfeffer

Zubereitung

1 Einen großen Topf mit leicht gesalzenem Wasser zum Kochen bringen. Zucchini und Bohnen hineingeben, das Wasser erneut aufkochen und das Gemüse 7–8 Minuten garen.

2 Abgießen, unter fließend kaltem Wasser abschrecken und abtropfen. Beiseitestellen und vollständig abkühlen lassen.

3 Zucchini, Bohnen, grüne Paprika, Sellerie und Brunnenkresse in einer großen Servierschüssel mischen.

4 Für das Dressing Joghurt, Knoblauch und Minze in einer kleinen Schüssel verrühren. Mit Pfeffer würzen. Das Dressing über den Salat träufeln, gut unterrühren und sofort servieren.

Salat mit Apfel & Blauschimmelkäse

Für 2 Personen   Vorbereitung: 15 Min.   Garzeit: 6–7 Min.
                        plus Abkühlzeit

Zutaten

1 EL Butter

2 EL Sonnenblumen- oder Rapsöl

1 großer geschälter Tafelapfel,
z.B. Pink Lady, entkernt und in
dünnen Spalten

2 TL flüssiger Honig

1½ TL frische Thymianblätter

1½ EL Weißweinessig

2 TL körniger Senf

Salz und Pfeffer

50 g gemischte Salatblätter

40 g Blauschimmelkäse, zerkrümelt

25 g Walnusskerne, geröstet und
grob gehackt

2 EL Schnittlauchröllchen

Zubereitung

1 Die Butter mit 1 Teelöffel Öl in einer Pfanne erhitzen. Die Apfelspalten zugeben und unter gelegentlichem Rühren 2 Minuten garen, bis sie weich sind. Honig und Thymian zufügen und braten, bis die Apfelspalten karamellisieren. Vom Herd nehmen.

2 Das restliche Öl, Essig und Senf einrühren. Mit Pfeffer und etwas Salz würzen und leicht abkühlen lassen.

3 Salatblätter, Käse, Walnüsse und Schnittlauch in eine Servierschüssel geben. Die warmen Apfelspalten samt Dressing darübergeben. Alles vermengen und sofort servieren.

Salat mit Blauschimmel-käse & Walnüssen

Für 4 Personen   **Vorbereitung: 20–25 Min.**   **Garzeit: Keine**

Zutaten

4 Selleriestangen

1 große saftige Birne mit roter Schale

Zitronensaft, zum Beträufeln

3 EL frisch gehackte glatte Petersilie

150 g grüner Blattsalat, z. B. Rucola, Brunnenkresse oder Babyspinat

100 g Blauschimmelkäse, zerkrümelt

4 EL grob gehackte Walnusskerne

Meersalzflocken

Dressing

1 große saftige Birne

1 EL Zitronensaft

4 EL Walnussöl

¼ TL Pfeffer

Meersalzflocken

Zubereitung

1 Die Selleriestangen putzen und gegebenenfalls die Fäden mit einem Sparschäler abziehen. In mundgerechte Stücke schneiden und in eine große Schüssel geben.

2 Die Birne vierteln und entkernen, aber nicht schälen. Jedes Viertel längs in dünne Spalten schneiden. Zum Sellerie geben und mit etwas Zitronensaft beträufeln, um eine Braunfärbung zu verhindern.

3 Für das Dressing die Birne vierteln und entkernen. Ein Viertel längs in dünne Spalten schneiden. Zu der Birne in die Schüssel geben. Die verbliebene Birne schälen und grob hacken.

4 Die gehackte Birne und die verbliebenen Dressingzutaten mit einem Pürierstab etwa 30 Sekunden zu einer glatten Masse verarbeiten. In eine kleine Schüssel füllen.

5 Sellerie und Birne in etwa 5 Esslöffeln des Dressings wenden. Die gehackte Petersilie und 1 Prise Salz zufügen.

6 Die Salatblätter auf Servierteller verteilen. Die Birnen-Sellerie-Mischung darauf anrichten. Mit Käse und Nüssen bestreuen.

7 Das restliche Dressing über den Salat träufeln und sofort servieren.

Bohnen-Tomaten-Salat mit Ei

Für 4 Personen

Vorbereitung: 25 Min. plus Einweichzeit

Garzeit: 1 Std. 45 Min.– 2 Std. 15 Min.

Zutaten

250 g getrocknete Borlottibohnen, mehrere Stunden in kaltem Wasser eingeweicht

2 große Knoblauchzehen, zerdrückt

Saft von 2 Zitronen

6 EL natives Olivenöl extra

I TL Salz

I kleine Zwiebel, gehackt

2 Tomaten, entkernt und klein gewürfelt

40 g frisch gehackte glatte Petersilie

I TL Kreuzkümmelsamen, zerstoßen

Pfeffer

warmes Fladenbrot, zum Servieren

Zum Garnieren

4 hart gekochte Eier, geviertelt

4 Zitronenspalten

Sumak oder rote Chiliflocken

Zubereitung

1 Die Bohnen abgießen, gut abspülen und in einen großen Topf geben. Mit Wasser bedecken und zum Kochen bringen. 10 Minuten kochen, dann bei reduzierter Hitze 1½–2 Stunden kochen, bis die Bohnen weich sind. Bei Bedarf kochendes Wasser zugießen.

2 Die Bohnen abgießen und in eine flache Servierschüssel geben. Einen Teil der Bohnen mit dem Löffelrücken zerdrücken.

3 Knoblauch, Zitronensaft, Olivenöl und Salz zu den noch warmen Bohnen geben. Vorsichtig vermengen, dann Zwiebel, Tomaten und Petersilie zufügen. Kreuzkümmelsamen und etwas Pfeffer zugeben und alles vorsichtig vermengen.

4 Den Salat mit Eivierteln und Zitronenspalten garnieren. Mit I Prise Sumak bestreuen. Mit dem in Streifen geschnittenen warmen Fladenbrot servieren.

Spitzkohlsalat mit Kürbiskernen

Für 4–6 Personen   **Vorbereitung: 20 Min. plus Ruhezeit**   **Garzeit: Keine**

Zutaten

1 Spitzkohl oder ¼ Weißkohl

10–15 Radieschen, in Scheiben

½ kleine rote Zwiebel, in dünnen Ringen

3 EL Kürbiskerne

1 kleines Bund Dill, ca. 20 g, grobe Stiele entfernt und grob gehackt

2 Handvoll Sprossen, z. B. von Radieschen

1 Handvoll Erbsensprossen

Salz

Dressing

3 EL griechischer Joghurt

1 EL Sahne

2 TL natives Olivenöl extra

¾ TL Dijon-Senf

1 großzügiger Spritzer Zitronensaft

Zubereitung

1 Beschädigte Außenblätter vom Kohl entfernen. Den Kohl längs vierteln, den Strunk herausschneiden. Jedes Viertel quer in Streifen schneiden. In einen Durchschlag geben und über einer Schüssel platzieren. Mit Salz bestreuen, vermengen und 30 Minuten ziehen lassen.

2 Für das Dressing alle Zutaten in einer kleinen Schüssel gut vermengen.

3 Den Kohl mit Küchenpapier abtupfen. In eine flache Servierschüssel geben. Radieschen, Zwiebel, Kürbiskerne und Dill zufügen.

4 Mit dem Dressing übergießen und gut vermengen. Den Salat vor dem Servieren mit den Sprossen bestreuen.

Karotten-Mango-Salat mit Kokosnuss

Für 2–3 Personen   Vorbereitung: 25 Min.   Garzeit: Keine
                        plus Ruhezeit

Zutaten

350 g junge Karotten

1 Mango, ca. 375 g, geschält und klein gewürfelt

50 g frisches Kokosnussfleisch, in feinen Streifen

3 EL frisch gehackter Koriander

3 EL geröstete Haselnüsse ohne Haut, grob gehackt

½ TL Muskovado-Zucker

½ TL Meersalzflocken

fein abgeriebene Schale von 1 Limette

Limettenfilets, zum Garnieren

Dressing

1 TL Muskovado-Zucker

¼ TL Meersalz

Saft von 1 Limette

¼–½ kleine grüne Chili, entkernt und fein gehackt

Pfeffer

3 EL Haselnuss- oder Olivenöl

Zubereitung

1 Die Karotten in 5-cm-Stücke schneiden. Mithilfe eines Sparschälers längs dünne Streifen abschneiden und den holzigen Kern auslassen. Mit Mango und Kokosnuss in eine flache Schüssel geben.

2 Für das Dressing Zucker und Salz im Limettensaft auflösen. Chili und Pfeffer nach Geschmack unterrühren. Das Öl zufügen und alles gut verquirlen.

3 Die Karottenmischung mit dem Dressing übergießen und alles gut vermengen. 20 Minuten bei Zimmertemperatur durchziehen lassen.

4 Den Koriander zugeben und nochmals gut mischen. Haselnüsse, Zucker, Salz und Limettenschale vermengen.

5 Die Karottenmischung auf Servierteller verteilen und mit der Nussmischung bestreuen. Mit Limettenfilets garnieren und servieren.

Gado-Gado-Salat

Für 4 Personen   Vorbereitung: 25 Min.   Garzeit: 3–4 Min.
plus Abkühlzeit

Zutaten

250 g Blumenkohl, in kleinen Röschen

120 g Brokkoli, in kleinen Röschen

120 g Wirsing, in feinen Streifen

150 g Bohnensprossen

300 g Salatgurke, geschält, längs halbiert, entkernt und in dicken Scheiben

1 rote Paprika, gewürfelt

Dressing

2 EL Erdnussöl

80 g ungesalzene Erdnüsse, fein gehackt

2 Knoblauchzehen, fein gehackt

2 EL Sojasauce

Saft von 2 Limetten

½ roter Chili, entkernt und fein gehackt

Zubereitung

1 Blumenkohl, Brokkoli, Wirsing, Sprossen, Gurke und Paprika in einer Salatschüssel mischen.

2 Für das Dressing 1 Esslöffel Öl in einer Pfanne erhitzen. Erdnüsse und Knoblauch darin bei mittlerer Hitze 2–3 Minuten unter Rühren anbraten. Die Pfanne vom Herd nehmen und Sojasauce, Limettensaft, Chili und das restliche Öl unterrühren. Abkühlen lassen.

3 Vor dem Servieren das Dressing über den Salat träufeln und unterheben. Auf vier Servierschalen verteilen und sofort servieren.

Brokkoli-Rotkohl-Salat

Für 4 Personen   Vorbereitung: 20 Min.   Garzeit: 10–15 Min.

Zutaten

200 g Sprossenbrokkoli

250 g Rotkohl, gehobelt

120 g gegarte Rote Bete,
in feinen Stiften

2 EL getrocknete Cranberrys

3 EL Balsamico

Croûtons

2 EL Olivenöl

80 g kräftiges Vollkornbrot, in
kleinen Stücken

1 EL Sonnenblumenkerne

1 EL Leinsamen

Zubereitung

1 Den Brokkoli in einem Topf mit Dämpfeinsatz über köchelndem Wasser bei geschlossenem Deckel 3–5 Minuten dämpfen, bis er bissfest ist. Unter fließend kaltem Wasser abschrecken. Lange Brokkolistiele kürzen und nochmals längs halbieren. In eine Salatschüssel geben.

2 Rotkohl, Rote Bete und Cranberrys zufügen.

3 Für die Croûtons das Öl in einer Pfanne erhitzen. Die Brotstücke darin 3–4 Minuten unter Rühren bräunen. Sonnenblumenkerne und Leinsamen zugeben und 2–3 Minuten mitrösten.

4 Den Balsamico über den Salat träufeln und alles vermengen. Mit Croûtons und Saaten garnieren und sofort servieren.

Kürbis-Champignon-Salat mit Babyspinat

Für 4 Personen   Vorbereitung: 25 Min.   Garzeit: 20–25 Min.

Zutaten

1 kleiner Butternut-Kürbis

5 EL Olivenöl

Zitronensaft, zum Beträufeln

2–3 Riesenchampignons, in dünnen Scheiben

½ TL Koriandersamen, zerstoßen

50 g Mandeln mit Haut, längs halbiert

½ EL Balsamico

Saft von 1 kleinen Orange

4 Handvoll Babyspinat

2 EL Schnittlauchröllchen

Meersalzflocken und Pfeffer

Zubereitung

1 Den Kürbis dort durchtrennen, wo der Hals in das bauchige Ende übergeht. Den Hals längs vierteln. Das Endstück längs halbieren. Schale und Kerne entfernen.

2 Das Halsstück längs in dünne Scheiben schneiden. Die Endstücke quer in dünne Halbkreise schneiden.

3 Das Öl in einer großen Pfanne bei mittlerer bis hoher Temperatur erhitzen. Die Kürbisstücke portionsweise darin 5–7 Minuten unter Wenden leicht bräunen.

4 Mit Salz, Pfeffer und Zitronensaft würzen, dann zum Abtropfen in einen über einer Schüssel platzierten Durchschlag geben.

5 Pilze und Koriandersamen in die Pfanne geben und 5 Minuten braten. Mit Salz und Pfeffer würzen und mit etwas Zitronensaft beträufeln. Zum Kürbis in den Durchschlag geben. Die abgetropfte Flüssigkeit aufbewahren.

6 Die Mandeln in der Pfanne unter Rühren rösten. Aus der Pfanne nehmen und beiseitestellen.

7 Die abgetropfte Flüssigkeit vom Gemüse sowie Essig, Orangensaft und 1 Spritzer Wasser in die Pfanne geben. Einige Sekunden unter Rühren köcheln.

8 Den Spinat auf Servierteller verteilen und Kürbis und Pilze darauflegen.

9 Mit Mandeln und Schnittlauch bestreuen, den Sud aus der Pfanne darübergießen und noch warm servieren.

Avocado-Mais-Salat mit Biss

Für 4 Personen   Vorbereitung: 20 Min.   Garzeit: 5 Min.

Zutaten

200 g Gemüsemais, Tiefkühlware aufgetaut

1 große Avocado, halbiert und gewürfelt

175 g Cocktailtomaten, geviertelt

½ rote Zwiebel, fein gehackt

1 kleine grüne Paprika, halbiert und gewürfelt

40 g Grünkohl, in Streifen

25 g frischer Koriander, grob gehackt

Dressing

fein abgeriebene Schale und Saft von 1 Limette

2 EL Olivenöl

Salz und Pfeffer

Zubereitung

1   Den Mais in einen Topf mit kochendem Wasser geben und 3 Minuten garen. Unter kaltem Wasser abschrecken und abtropfen lassen. In eine Salatschüssel geben.

2   Für das Dressing Limettenschale und -saft sowie Öl in ein Schraubglas füllen. Mit Salz und Pfeffer abschmecken. Zuschrauben und kräftig schütteln.

3   Avocado, Tomaten, Zwiebel, Paprika, Kohl und Koriander zum Mais geben. Mit dem Dressing beträufeln und alles vermengen. Auf vier Servierschalen verteilen und sofort servieren.

Rote-Bete-Salat mit Nüssen

Für 4 Personen   Vorbereitung: 15–20 Min.   Garzeit: Keine

Zutaten

175 g frische Rote Bete, geraspelt

8 Radieschen, in dünnen Scheiben

2 Frühlingszwiebeln, fein gehackt

25 g Pekannusskerne, grob gehackt

8 rote Chicoréeblätter oder
Romana-Salatherzblätter

Dressing

2 EL natives Olivenöl extra

1 EL Balsamico

2 TL Sahnemeerrettich

Salz und Pfeffer

Zubereitung

1 Rote Bete, Radieschen, Frühlingszwiebeln und Nüsse in einer Schüssel vermengen.

2 Alle Zutaten für das Dressing in einer kleinen Schüssel verrühren. Mit Salz und Pfeffer abschmecken und über das Gemüse geben.

3 Die Chicoréeblätter auf einem Teller anrichten und den Salat darübergeben.

4 Den Salat kalt als Hauptmahlzeit oder als Beilage zu einem Hauptgericht servieren.

Kartoffelsalat mit Gemüse

Für 4 Personen   **Vorbereitung: 20 Min. plus Ruhezeit**   **Garzeit: 35 Min.**

Zutaten

300 g neue Kartoffeln

200 g kleine Blumenkohlröschen

4 EL natives Olivenöl extra, plus etwas mehr bei Bedarf

4½ TL Rotweinessig, plus etwas mehr bei Bedarf

200 g grüne Bohnen, in mundgerechten Stücken

4 Frühlingszwiebeln, fein gehackt

1 Radieschen, in dünnen Scheiben

100 g Babyspinat

2 EL geröstete Pinienkerne

2 EL Rosinen oder Sultaninen

Salz und Pfeffer

Radicchioblätter, zum Servieren

Ciabatta, zum Servieren

Zubereitung

1 Leicht gesalzenes Wasser in zwei Töpfen zum Kochen bringen. In einen die Kartoffeln geben, das Wasser erneut aufkochen und die Kartoffeln 20–25 Minuten kochen, bis sie gar sind. In den anderen Topf den Blumenkohl geben, das Wasser erneut aufkochen und die Röschen 5 Minuten köcheln lassen, bis sie bissfest sind.

2 Inzwischen Öl, Essig, Salz und Pfeffer verrühren.

3 Den Blumenkohl mit einem Schaumlöffel aus dem Wasser heben, abtropfen lassen und mit der Ölmischung in einer großen Schüssel verrühren.

4 Die Bohnen in das Blumenkohlkochwasser geben, das Wasser erneut aufkochen und die Bohnen 5 Minuten köcheln lassen, bis sie bissfest sind. Abtropfen lassen und unter den Blumenkohl heben.

5 Die Kartoffeln abgießen und unter fließend kaltem Wasser abschrecken. Pellen und in mundgerechte Stücke schneiden. Dann in die Schüssel geben und mit Frühlingszwiebeln und Radieschen verrühren, bis das Gemüse mit dem Dressing überzogen ist. 1 Stunde ziehen lassen.

6 Vor dem Servieren einen Teller mit Radicchioblättern auslegen. Den Spinat unter den Kartoffelsalat rühren und eventuell mit Öl, Essig, Salz und Pfeffer nachwürzen. Pinienkerne und Rosinen unterheben.

7 Den Salat auf den Radicchioblättern anrichten, dabei das restliche Dressing aus der Schüssel darüberträufeln. Mit reichlich Ciabatta servieren.

Regenbogensalat mit Wasabidressing

Für 4 Personen · Vorbereitung: 15 Min. plus Abkühlzeit · Garzeit: 3–4 Min.

Zutaten

1 EL Sonnenblumenöl

4 EL Sonnenblumenkerne

2 EL Sojasauce

200 g verschiedenfarbiger Mangold, Blätter in Streifen, Stiele in Scheiben

Dressing

1 TL Wasabipaste

1 EL Mirin

Saft von 1 kleinen Orange

Pfeffer

Zubereitung

1 Das Öl in einer Pfanne erhitzen. Die Sonnenblumenkerne darin bei mittlerer Hitze 2–3 Minuten bei geschlossenem Deckel braten, bis die Kerne zu knacken beginnen. Dabei häufiger an der Pfanne rütteln. Die Pfanne vom Herd nehmen. Die Sojasauce zugießen, den Topf wieder abdecken und die Kerne abkühlen lassen.

2 Für das Dressing Wasabipaste, Mirin, Orangensaft und etwas Pfeffer in ein Schraubglas geben. Zuschrauben und kräftig schütteln.

3 Mangoldblätter und -stiele in einer Salatschüssel mischen. Das Dressing darüberträufeln und untermischen. Die Sonnenblumenkerne mit der Sojasauce darübergeben und sofort servieren.

Pastasalat mit Tomaten & Oliven

Für 4 Personen   Vorbereitung: 15 Min.   Garzeit: 15 Min.
                      plus Abkühlzeit

Zutaten

225 g Conchiglie

50 g Pinienkerne

350 g Cocktailtomaten, halbiert

1 rote Paprika, in mundgerechten Stücken

1 rote Zwiebel, gehackt

200 g Büffelmozzarella, in kleinen Stücken

12 entsteinte schwarze Oliven

25 g frische Basilikumblätter

Salz

frisch gehobelter Parmesan, zum Garnieren

Dressing

5 EL natives Olivenöl extra

2 EL Balsamico

1 EL frisch gehacktes Basilikum

Salz und Pfeffer

Zubereitung

1 In einem großen Topf leicht gesalzenes Wasser zum Kochen bringen. Die Conchiglie hineingeben, das Wasser erneut aufkochen und die Nudeln 8–10 Minuten garen, bis sie al dente sind. Gut abtropfen und abkühlen lassen.

2 Derweil eine trockene Pfanne bei geringer Temperatur erhitzen und die Pinienkerne darin unter häufigem Schwenken leicht anrösten. Vom Herd nehmen, auf einen Teller geben und abkühlen lassen.

3 Für das Dressing alle Zutaten in eine kleine Schüssel geben und verquirlen. Mit Frischhaltefolie abdecken und beiseitestellen.

4 Die Nudeln auf vier Servierschalen verteilen. Pinienkerne, Tomaten, Paprika, Zwiebel, Mozzarella und Oliven ebenfalls verteilen. Mit dem Basilikum bestreuen und mit dem Dressing beträufeln. Mit Parmesan garnieren und servieren.

2

3

4

Radicchiosalat mit roter Paprika

Für 4 Personen   Vorbereitung: 15 Min.   Garzeit: Keine

Zutaten

2 rote Paprika

1 Kopf Radicchio, in Blättern

4 gegarte Rote Beten, in Stiften

12 Radieschen, in Scheiben

4 Frühlingszwiebeln, fein gehackt

4 EL Salatdressing (Fertigprodukt)

knuspriges Brot, zum Servieren

Zubereitung

1 Die Paprika entkernen und in Ringe schneiden.

2 Die Radicchioblätter in eine Salatschüssel legen. Paprika, Rote Beten, Radieschen und Frühlingszwiebeln darauf verteilen.

3 Mit dem Dressing beträufeln, sorgfältig mischen und zu knusprigem Brot servieren.

Variation
Natürlich können Sie das Dressing auch selbst machen. Dafür verrühren Sie einfach den Saft von ½ Zitrone, 3 Esslöffel Olivenöl und 1 Esslöffel Dijon-Senf.

SCHNELL & EINFACH

Kartoffelpizza mit Rosmarin & Rucola

Für 4 Personen   Vorbereitung: 15 Min.   Garzeit: 25 Min.

Zutaten

280 g kleine festkochende Kartoffeln, abgebürstet

2 EL Olivenöl, plus etwas mehr zum Bestreichen

2 Knoblauchzehen, in dünnen Scheiben

1½ EL frisch gehackter Rosmarin

1 runder Pizzaboden mit 30 cm Ø (Fertigprodukt)

80 g grob geriebener geräucherter Käse

120 g grob geriebener Gruyère

8 Kalamata-Oliven, entsteint und halbiert

1 Handvoll Rucola

Meersalz und Pfeffer

Zubereitung

1 Den Backofen auf 240 °C vorheizen. In einem Topf leicht gesalzenes Wasser zum Kochen bringen. Die Kartoffeln hineingeben, das Wasser erneut aufkochen und die Kartoffeln 3 Minuten garen. Abgießen und in dünne Scheiben schneiden.

2 Das Öl in einer großen Pfanne auf mittlerer bis hoher Stufe erhitzen. Die Kartoffeln darin 3–4 Minuten leicht braten. Knoblauch, 1 Esslöffel des Rosmarins sowie Salz und Pfeffer nach Geschmack zufügen. 1 weitere Minute braten.

3 Den Pizzaboden auf ein Backblech geben und mit je zwei Dritteln des geräucherten Käses und des Gruyère belegen. Darauf die Kartoffeln verteilen. Mit dem verbliebenen Käse, den Oliven und dem restlichen Rosmarin bestreuen.

4 Die Pizza 10 Minuten im Ofen backen, bis der Boden leicht angebräunt ist. Mit dem Rucola bestreuen und sofort servieren.

Variation
Geben Sie mit den Oliven und dem Rosmarin etwas grüne Paprika zu.

Karotten-Orangen-Pfanne

Für 4 Personen   Vorbereitung: 15 Min.   Garzeit: 10 Min.

Zutaten

2 EL Sonnenblumenöl

450 g Karotten, grob geraspelt

225 g Porreestangen, in Ringen

2 Orangen, geschält und filetiert

2 EL Tomatenketchup

1 EL Demerara-Zucker

2 EL helle Sojasauce

100 g Erdnusskerne, gehackt

Zubereitung

1 Das Öl in einem Wok erhitzen. Karotten und Porree zugeben und 2–3 Minuten pfannenrühren, bis das Gemüse weich wird.

2 Die Orangenfilets zufügen und erhitzen. Dabei vorsichtig rühren, damit sie nicht beschädigt werden.

3 Tomatenketchup, Zucker und Sojasauce in einer kleinen Schüssel verrühren.

4 Die Ketchupmischung in den Wok geben und weitere 2 Minuten pfannenrühren.

5 Das Gemüse auf vorgewärmte Teller geben und die Erdnüsse darüber verteilen. Sofort servieren.

Florentiner Eier mit Spinat & Käse

Für 4 Personen   Vorbereitung: 15 Min.   Garzeit: 13–15 Min.

Zutaten

1 EL Olivenöl

200 g Babyspinat

4 dicke Scheiben Ciabatta

25 g Butter

4 Eier (Größe L)

100 g frisch geriebener Emmentaler

Salz und Pfeffer

frisch geriebene Muskatnuss,
zum Servieren

Zubereitung

1 Den Backofengrill vorheizen. Das Öl in einem Wok oder hohen Topf erhitzen. Den Spinat darin 2–3 Minuten unter Rühren dünsten, bis die Blätter zusammenfallen. In einem Durchschlag abtropfen lassen. Wieder in den Topf geben und mit Salz und Pfeffer würzen. Warm halten.

2 Die Brotscheiben auf beiden Seiten grillen, bis sie goldbraun sind, eine Seite mit der Butter bestreichen und mit der gebutterten Seite nach oben in eine große, flache Auflaufform setzen.

3 In einem kleinen Topf leicht gesalzenes Wasser zum Kochen bringen. Die Eier aufschlagen, ins heiße Wasser geben und etwa 3 Minuten pochieren, bis das Eiweiß fest, das Eigelb aber noch flüssig ist. Mit einem Schaumlöffel herausnehmen.

4 Den Spinat auf die Brotscheiben verteilen und je ein pochiertes Ei daraufsetzen. Mit dem Käse bestreuen. Unter dem heißen Backofengrill 1–2 Minuten überbacken, bis der Käse geschmolzen ist. Mit Muskatnuss bestäuben und servieren.

Pasta mit Pesto

Für 4 Personen   Vorbereitung: 15 Min.   Garzeit: 15 Min.

Zutaten

450 g Tagliatelle

Salz

Pesto

2 Knoblauchzehen

25 g Pinienkerne

120 g frische Basilikumblätter, plus etwas mehr zum Garnieren

125 ml Olivenöl

50 g frisch geriebener Parmesan

Salz

Zubereitung

1 Für den Pesto Knoblauch, Pinienkerne und etwas Salz in einen Mixer geben und kurz pürieren. Die Basilikumblätter zugeben und alles zu einer Paste vermixen.

2 Bei laufendem Motor langsam das Olivenöl zugießen. Die Mischung dann in eine Schüssel umfüllen und den Parmesan unterrühren. Mit Salz abschmecken.

3 Leicht gesalzenes Wasser in einem Topf aufkochen. Die Tagliatelle zugeben, das Wasser erneut aufkochen und die Nudeln 8–10 Minuten garen, bis sie al dente sind.

4 Abgießen, die Tagliatelle gut abtropfen lassen und wieder in den Topf geben. Mit der Hälfte des Pestos vermengen. Auf vorgewärmte Teller verteilen und den restlichen Pesto über die Tagliatelle löffeln. Mit Basilikumblättern garnieren und sofort servieren.

Spargel-Erbsen-Frittata

Für 4 Personen   Vorbereitung: 15 Min.   Garzeit: 20–25 Min.

Zutaten

8 dünne grüne Spargelstangen

350 g frisch gepalte Erbsen

8 Eier

1 EL Olivenöl

1 EL Butter

8 Frühlingszwiebeln, geputzt, in feinen Ringen

½ TL Meersalz

Pfeffer

grüner Salat, zum Servieren

Zubereitung

1 Die holzigen Enden des Spargels abschneiden und entsorgen. Die Stangen in 1-cm-Stücke, die Spitzen in 2,5-cm-Stücke schneiden.

2 Spargel und Erbsen in einen Topf mit Dämpfeinsatz geben und über köchelndem Wasser 3 Minuten dämpfen. Vom Herd nehmen und beiseitestellen.

3 Die Eier gut verquirlen und mit Salz und Pfeffer würzen.

4 Öl und Butter in einer beschichteten Pfanne (24 cm Ø) auf mittlerer Stufe erhitzen. Die Frühlingszwiebeln darin 2 Minuten braten. Dann Erbsen und Spargel zufügen. Die Eier zugießen und rühren, um das Gemüse gleichmäßig zu verteilen.

5 Abdecken und bei mittlerer bis geringer Hitze 10–12 Minuten garen, bis das Ei fast ganz gestockt ist. Unter dem vorgeheizten Backofengrill weitere 3–5 Minuten garen, bis die Oberseite gestockt ist. Auf einen Servierteller geben und in Stücke schneiden. Heiß oder lauwarm mit grünem Salat servieren.

Champignons mit Salbei

Für 4 Personen   Vorbereitung: 15 Min.   Garzeit: 10 Min.

Zutaten

5 EL Olivenöl

2 EL grob gehackter frischer Salbei, plus 16–20 kleine Blätter

400 g gleich große braune Champignons, halbiert

Zitronensaft, zum Beträufeln

1 große Knoblauchzehe, in dünnen Scheiben

2 EL frisch gehackte glatte Petersilie

¼ TL Pfeffer

4 Scheiben Sauerteigbrot

Meersalzflocken

frisch gehobelter Parmesan, zum Garnieren

Zubereitung

1 Das Öl in einer großen Pfanne bei mittlerer bis hoher Stufe erhitzen. Den gehackten Salbei darin ein paar Sekunden anbraten. Die Pilze zufügen und 3–4 Minuten braten, bis die Flüssigkeit auszutreten beginnt.

2 1 Spitzer Zitronensaft, Knoblauch, Petersilie, Pfeffer und 1 Prise Salz zufügen. Weitere 5 Minuten braten.

3 Inzwischen die Brotscheiben toasten. Auf vorgewärmte Teller geben und großzügig mit den Champignons belegen. Die kleinen Salbeiblätter im verbliebenen Öl bei hoher Hitze ein paar Sekunden knusprig frittieren. Über die Pilze streuen. Mit ein wenig Käse bestreuen und sofort servieren.

Gefüllte Tomaten

Für 4 Personen   Vorbereitung: 15–20 Min.   Garzeit: 15–20 Min.

Zutaten

4 Fleischtomaten

300 g gegarter Reis

8 Frühlingszwiebeln, gehackt

3 EL frisch gehackte Minze

2 EL frisch gehackte glatte Petersilie

3 EL Pinienkerne

3 EL Rosinen

2 TL Olivenöl

Salz und Pfeffer

Zubereitung

1 Die Tomaten halbieren und die Kerne herausschaben.

2 Die Tomaten mit der Schnittfläche nach unten auf Küchenpapier setzen, damit die Flüssigkeit herausläuft.

3 Den Backofen auf 190 °C vorheizen. Die Tomaten umdrehen und die Innenseiten mit Salz und Pfeffer bestreuen.

4 Reis, Frühlingszwiebeln, Minze, Petersilie, Pinienkerne und Rosinen in einer Schüssel mischen und in die ausgehöhlten Tomaten füllen.

5 Mit dem Olivenöl beträufeln. Die Tomaten auf ein Backblech oder in eine Auflaufform setzen und im vorgeheizten Ofen 15–20 Minuten backen, bis sie gar sind.

6 Die Tomaten auf vorgewärmte Teller setzen und sofort servieren.

Fettuccine mit Tomaten-Pilz-Sauce

Für 4 Personen   Vorbereitung: 15 Min.   Garzeit: 25–30 Min.

Zutaten

450 g Fettuccine

1 EL Butter

2 EL frisch geriebener Parmesan

Tomaten-Pilz-Sauce

25 g Butter

2 EL Olivenöl

1 große Zwiebel, fein gehackt

2 Knoblauchzehen, fein gehackt

1 Selleriestange, fein gehackt

400 g gehackte Tomaten aus der Dose

2 EL Tomatenmark

4 EL Rotwein

125 g Champignons, in Scheiben

brauner Zucker (nach Geschmack)

1 EL frisch gehacktes Basilikum

Salz und Pfeffer

Zubereitung

1 Für die Sauce die Butter mit dem Öl in einem Topf erhitzen. Zwiebel, Knoblauch und Sellerie darin bei geringer Temperatur 5 Minuten unter Rühren dünsten, bis das Gemüse weich ist. Tomaten, Tomatenmark, Wein und Pilze einrühren. Auf mittlere Hitze erhöhen, zum Kochen bringen, dann bei reduzierter Hitze unter gelegentlichem Rühren 15–20 Minuten köcheln lassen, bis die Sauce eindickt.

2 Inzwischen leicht gesalzenes Wasser in einem Topf zum Kochen bringen. Die Nudeln zugeben und 8–10 Minuten garen, bis sie al dente sind. Die Fettuccine abgießen, in eine vorgewärmte Servierschüssel füllen und die Butter unterheben.

3 Zucker nach Geschmack und Basilikum unter die Tomatensauce rühren, dann mit Salz und Pfeffer würzen. Die Sauce über die Nudeln gießen, alles gut vermengen und mit dem Parmesan bestreuen. Sofort servieren.

Bruschetta mit Bohnen & Ziegenkäse

Für 6 Personen   Vorbereitung: 25 Min.   Garzeit: 10 Min.

Zutaten

600 g gepalte dicke Bohnen (ca. 2,5 kg ungepalt)

3 EL natives Olivenöl extra, plus etwas mehr zum Beträufeln

1 EL Zitronensaft

1 EL frisch gehackte Minze

6 Scheiben Ciabatta

1 große Knoblauchzehe, halbiert

6 EL Ziegenfrischkäse, zerkrümelt

Meersalzflocken und Pfeffer

Zubereitung

1 In einem großen Topf leicht gesalzenes Wasser zum Kochen bringen. Die Bohnen hineingeben und 3 Minuten köcheln, bis sie fast gar sind. Unter fließend kaltem Wasser abschrecken und abtropfen.

2 Die durchsichtigen Häutchen der Bohnen abziehen und entsorgen.

3 Die Bohnen mit Öl, Zitronensaft und dem Großteil der Minze mischen. Mit Salz und Pfeffer abschmecken.

4 Die Mischung in einer Küchenmaschine zu einem groben Püree verarbeiten.

5 Die Brotscheiben toasten. Noch warm eine Seite mit der Knoblauchzehe einreiben und mit Öl beträufeln.

6 Jede Scheibe halbieren, mit dem Bohnenpüree bestreichen und mit dem Ziegenkäse bestreuen. Mit der verbliebenen Minze garnieren und sofort servieren.

Porree-Ziegenkäse-Tartelettes

Für 6 Personen   Vorbereitung: 20 Min.   Garzeit: 20 Min.

Zutaten

400 g fertig ausgerollter Blätterteig

40 g Butter

350 g junger Porree, in dicken diagonalen Ringen

1 EL frisch gehackter Oregano

125 g Ziegenkäse, in Scheiben oder zerkrümelt

Milch, zum Bestreichen

Salz und Pfeffer

Zubereitung

1 Den Backofen auf 220 °C vorheizen. Den Blätterteig in sechs Quadrate mit 12 cm Seitenlänge schneiden.

2 Die Blätterteigquadrate auf ein mit Backpapier ausgelegtes Backblech legen. Mit der Spitze eines scharfen Messers jeweils einen 1 cm breiten Rand einritzen.

3 Die Butter in einer Pfanne zerlassen. Den Porree darin 4–5 Minuten unter häufigem Rühren garen. Den Oregano unterrühren. Mit Salz und Pfeffer würzen. Den Porree gleichmäßig innerhalb des eingeritzten Randes auf die Blätterteigquadrate verteilen.

4 Die Tartelettes mit dem Ziegenkäse belegen bzw. bestreuen und die Teigränder mit Milch bestreichen. Im vorgeheizten Ofen 12–15 Minuten backen, bis der Teig gut aufgegangen und goldbraun ist. Warm servieren.

Pilz-Stroganoff

Für 4 Personen   Vorbereitung: 15 Min.   Garzeit: 15–20 Min.

Zutaten

25 g Butter

1 Zwiebel, fein gehackt

450 g Champignons, geviertelt

1 EL Tomatenmark

1 TL körniger Senf

150 g Crème fraîche

1 TL Paprikapulver, plus etwas mehr zum Garnieren

Salz und Pfeffer

frische glatte Petersilienstängel, zum Garnieren

Zubereitung

1   Die Butter in einer großen, schweren Pfanne zerlassen und die Zwiebel darin 5–10 Minuten dünsten, bis sie glasig ist.

2   Die Pilze zugeben und einige Minuten pfannenrühren, bis sie weich werden.

3   Erst Tomatenmark und Senf, dann die Crème fraîche einrühren und 5 Minuten unter Rühren köcheln lassen.

4   Das Paprikapulver einrühren und mit Salz und Pfeffer abschmecken. Mit etwas Paprikapulver und Petersilienstängeln garnieren und sofort servieren.

Bagels mit Mozzarella

Für 4 Personen   Vorbereitung: 15–20 Min.   Garzeit: 20 Min.

Zutaten

½ Aubergine, in dünnen Scheiben

3–4 EL Olivenöl

4 einfache oder Zwiebel-Bagels

175 g Mozzarella, in Scheiben

1 Fleischtomate, in dünnen Scheiben

Salz und Pfeffer

6–8 frische Basilikumblätter, größere halbiert, zum Servieren

Zubereitung

1 Eine Grillpfanne sehr stark erhitzen. Die Auberginenscheiben mit etwas Öl bestreichen und 2 Minuten von jeder Seite in der Pfanne rösten, bis sie weich und gebräunt sind.

2 Den Backofen auf 190 °C vorheizen. Die Bagels aufschneiden und mit dem restlichen Öl beträufeln. Den Käse auf die unteren Bagelhälften verteilen und Tomaten- und Auberginenscheiben darauf anrichten. Mit Salz und Pfeffer würzen und die oberen Bagelhälften darauflegen.

3 Die Bagels auf ein Backblech legen und im Ofen etwa 15 Minuten backen, bis der Käse geschmolzen ist und die Bagelränder leicht gebräunt sind. Jeden Bagel mit Basilikumblättern garnieren und sofort servieren.

Pfannkuchen mit Porree & Ziegenkäse

Für 8 Personen   Vorbereitung: 20 Min.   Garzeit: 15 Min.

Zutaten

25 g Butter

½ EL Sonnenblumenöl

200 g Porree, halbiert und in dünnen Ringen

frisch geriebene Muskatnuss (nach Geschmack)

1 EL Schnittlauchröllchen

8 Pfannkuchen (Fertigprodukt)

100 g Ziegenfrischkäse, zerkrümelt

Salz und Pfeffer

Zubereitung

1 Den Backofen auf 200 °C vorheizen. Die Butter mit dem Öl in einem Topf bei mittlerer bis hoher Temperatur erhitzen. Den Porree zugeben und gut im Fett wenden. Mit Salz und Pfeffer würzen.

2 Etwas Muskat zufügen, den Porree mit Backpapier abdecken und den Deckel aufsetzen. Die Hitze reduzieren und den Porree 5–7 Minuten weich dünsten, aber nicht bräunen. Den Schnittlauch zugeben und falls nötig mit Salz und Pfeffer nachwürzen.

3 1 Pfannkuchen auf eine Arbeitsfläche legen. Mit je einem Achtel des Porrees und Käses belegen.

4 Den Pfannkuchen zu einem Quadrat falten oder aufrollen. Den gefüllten Pfannkuchen in einen Bräter geben, dann die verbliebenen Pfannkuchen füllen. 5 Minuten im vorgeheizten Ofen backen, bis die Pfannkuchen heiß sind und der Käse schmilzt. Die Pfannkuchen sofort servieren.

Wraps mit Roter Bete & Roquefort

Für 4 Personen   Vorbereitung: 15 Min.   Garzeit: 5 Min.

Zutaten

280 g gegarte Rote Bete, gewürfelt

100 g Roquefort, zerkrümelt

100 g Walnüsse, halbiert

1 EL Mayonnaise

50 g Rucola

4 Mehrkorn-Wraps, 25 cm Ø

Pfeffer

Zubereitung

1 Rote Bete, Roquefort, Walnüsse, und Mayonnaise mischen und mit Pfeffer abschmecken. Vorsichtig den Rucola unterheben.

2 Eine beschichtete Pfanne oder Grillpfanne erhitzen. Die Wraps nacheinander von jeder Seite 10 Sekunden erhitzen. Dadurch werden sie weicher und nehmen etwas Farbe an.

3 Auf jedes Wrap in die Mitte etwas von der Rote-Bete-Mischung setzen. Die Seiten der Wraps einschlagen, dann die Wraps aufrollen, in der Mitte durchschneiden und sofort servieren.

Couscous mit Cocktailtomaten & Minze

Für 4 Personen   Vorbereitung: 15 Min.   Garzeit: 7–8 Min.
plus Ruhezeit

Zutaten

300 g Cocktailtomaten

3 EL Olivenöl

125 g Couscous

200 ml kochendes Wasser

25 g Pinienkerne, geröstet

5 EL grob gehackte frische Minze

fein abgeriebene Schale von
1 Zitrone

½ EL Zitronensaft

Salz und Pfeffer

knackiger grüner Salat und Feta,
zum Servieren

Zubereitung

1 Den Backofen auf 220 °C vorheizen. Die Tomaten in eine Auflaufform geben in 1 Esslöffel Öl wenden. Dann 7–8 Minuten im vorgeheizten Ofen backen, bis die Tomaten weich sind und die Haut aufgeplatzt ist. 5 Minuten abkühlen lassen.

2 Den Couscous in eine hitzebeständige Schüssel geben. Mit dem kochenden Wasser übergießen und 8–10 Minuten quellen lassen, bis die Flüssigkeit aufgesogen ist.

3 Den Couscous mit einer Gabel auflockern.

4 Tomaten samt Sud, Pinienkerne, Minze, Zitronenschale, Zitronensaft und verbliebenes Öl zufügen. Mit Salz und Pfeffer würzen und behutsam vermengen. Den Couscous warm oder kalt mit grünem Salat und etwas Feta servieren.

Gegrillte Auberginen mit Paprika & Feta

Für 4 Personen   Vorbereitung: 20 Min. plus Ruhezeit   Garzeit: 20 Min.

Zutaten

1 rote Paprika, halbiert

2 große feste Auberginen, quer in 2 cm dicken Scheiben

Olivenöl, zum Bestreichen

2 Knoblauchzehen, zerdrückt

Saft von 1 Zitrone

1½ TL Kreuzkümmelsamen, zerstoßen

50 g Feta, zerkrümelt

2 EL grob gehackte frische Minze

Meersalzflocken und Pfeffer

Zubereitung

1   Den Backofengrill vorheizen. Die Paprikahälften mit den Schnittseiten nach unten auf ein Backblech geben. Etwa 10 Minuten unter dem Grill rösten, bis die Haut schwarz wird und Blasen wirft.

2   Die Paprika aus dem Ofen nehmen und mit einem sauberen Küchentuch abdecken. 10 Minuten ruhen lassen, damit sich die Haut löst. Dann die Haut abziehen und das Fruchtfleisch in 5 mm große Würfel schneiden.

3   Eine Grillpfanne bei hoher Temperatur erhitzen. Die Auberginenscheiben beidseitig mit Öl bestreichen und – bei Bedarf portionsweise – nebeneinander in die Pfanne geben. 2 Minuten auf jeder Seite rösten, bis die Scheiben ein schwarzes Grillmuster zeigen.

4   Die Auberginenscheiben aus der Pfanne heben. Größere Scheiben halbieren.

5   Knoblauch, Paprika, Zitronensaft und Kreuzkümmel in einer großen Schüssel mischen. Mit Salz und Pfeffer würzen.

6   Die Auberginenscheiben zufügen, alles vorsichtig vermengen und auf einen Servierteller geben. Das Gemüse mit Feta und Minzeblättern bestreuen und bei Zimmertemperatur servieren.

2

4

6

Reis mit Bohnen

Für 4 Personen   Vorbereitung: 10 Min.   Garzeit: 25–30 Min.

Zutaten

2 EL Olivenöl

1 Zwiebel, in Ringen

1 Knoblauchzehe, zerdrückt

1 EL frisch gehackter Thymian

400 ml Gemüsebrühe

200 g Basmatireis

4 EL Kokosmilch

400 g rote Kidneybohnen aus der Dose, abgespült und abgetropft

Salz und Pfeffer

frische Thymianzweige, zum Garnieren

Zubereitung

1 Das Öl in einem großen Topf erhitzen. Die Zwiebel darin bei mittlerer Hitze etwa 5 Minuten unter Rühren dünsten, bis sie glasig ist. Knoblauch und Thymian zugeben und 30 Sekunden mitgaren.

2 Die Brühe zugießen und zum Kochen bringen.

3 Den Reis einrühren. Dann die Hitze reduzieren und abgedeckt 12–15 Minuten köcheln lassen, bis der Reis gerade gar ist.

4 Kokosmilch und Bohnen unterrühren. Mit Salz und Pfeffer abschmecken.

5 Unter gelegentlichem Rühren 2–3 Minuten sanft garen, bis die Bohnen heiß sind und der Reis durchgegart ist. Mit Thymian garnieren und sofort servieren.

Champignon-Burger mit Mozzarella

Für 4 Personen   Vorbereitung: 20 Min.   Garzeit: 6–10 Min.

Zutaten

4 EL Olivenöl

2 EL Rotweinessig

1 Knoblauchzehe, fein gehackt

4 große Champignons, Stiele entfernt

4–8 Scheiben Mozzarella

8 quadratische Focacciascheiben (4 quadratische Stücke mit 7–8 cm Seitenlänge, längs halbiert)

50 g Pesto

Salz und Pfeffer

Tomatenscheiben und kleine Rucolablätter, zum Garnieren

Zubereitung

1 Den Backofengrill auf 160 °C vorheizen. Öl, Essig und Knoblauch in einer mittelgroßen Schüssel vermengen. Die Pilze mit den Lamellen nach oben auf ein Backblech legen und mit der Ölmischung beträufeln. Mit Salz und Pfeffer bestreuen.

2 Unter den vorgeheizten Backofengrill legen und 5–8 Minuten grillen, bis die Pilze weich sind. Die Käsescheiben darauflegen und 1–2 Minuten weitergrillen, bis der Käse Blasen wirft. Inzwischen die Focacciascheiben auf einem Rost unten in den Backofen schieben und 5 Minuten erhitzen.

3 Die Hälfte der Focacciascheiben mit dem Pesto bestreichen und mit den Pilzen belegen. Mit Tomatenscheiben und Rucola garnieren und die andere Hälfte der Focacciascheiben daraufsetzen. Sofort servieren.

Wildpilzomelett

Für 2 Personen   Vorbereitung: 20 Min.   Garzeit: 14–18 Min.

Zutaten

1 TL natives Olivenöl extra

1 kleine Zwiebel, in Spalten

2–3 Knoblauchzehen, zerdrückt

80 g Wildpilzmischung, große Exemplare halbiert

80 g kleine weiße Champignons, in Scheiben

1 Zucchini, gerieben

2 Eier

2 Eiweiß

2 EL Wasser

1 gelbe Paprika, in Streifen

1 EL frisch geriebener Parmesan (nach Belieben)

Salz und Pfeffer

1 EL frisch gehacktes Basilikum und etwas Rucola, zum Garnieren

Mehrkornbrot, zum Servieren

Zubereitung

1 Das Öl in einer beschichteten Pfanne erhitzen. Zwiebel und Knoblauch hineingeben, abdecken und unter gelegentlichem Rühren 3 Minuten dünsten. Die Pilze zufügen und 4–5 Minuten mitdünsten, bis sie weich sind. Die Zucchini zugeben.

2 Eier, Eiweiß und Wasser verquirlen, mit Salz und Pfeffer würzen.

3 Die Eier in die Pfanne gießen, die Hitze leicht erhöhen und das Ei mit einem Spatel vom Pfannenrand in die Mitte der Pfanne ziehen.

4 Sobald das Omelett auf der Unterseite fest geworden ist, mit gelber Paprika, nach Belieben mit Käse und mit Basilikum bestreuen. Weitere 3–4 Minuten braten, bis das Ei ausreichend gestockt ist. Das Omelett in Stücke schneiden, mit Rucola garnieren und mit Mehrkornbrot servieren.

Gebratenes Gemüse

Für 4 Personen   Vorbereitung: 10 Min.   Garzeit: 10 Min.

Zutaten

3 EL Sesamöl

8 Frühlingszwiebeln, gehackt

1 Knoblauchzehe, zerdrückt

1 EL frisch geriebene Ingwerwurzel

1 Brokkoli, in Röschen

1 orange oder gelbe Paprika,
grob gehackt

125 g Rotkohl, klein geschnitten

125 g Babymaiskolben

175 g cremefarbene Champignons,
in dünnen Scheiben

200 g frische Bohnensprossen

250 g Wasserkastanien aus der
Dose, abgetropft

4 TL helle Sojasauce
(nach Geschmack)

Zubereitung

1 Einen Wok auf hoher Stufe erhitzen und das Öl hineingießen.
Drei Viertel der Frühlingszwiebeln zusammen mit Knoblauch
und Ingwer 30 Sekunden darin anbraten.

2 Brokkoli, Paprika und Rotkohl zugeben und 1–2 Minuten pfannenrühren. Babymaiskolben und Pilze zufügen und 1–2 Minuten
braten.

3 Zuletzt Bohnensprossen und Wasserkastanien in den Wok
geben und 2 Minuten garen. Die Sojasauce zugießen und alles
gut durchmischen.

4 Das Gemüse mit den restlichen Frühlingszwiebeln garnieren
und sofort servieren.

Falafel aus der Pfanne

Für 4 Personen   Vorbereitung: 15 Min.   Garzeit: 5 Min.

Zutaten

800 g Kichererbsen aus der Dose, abgespült und abgetropft

1 kleine Zwiebel, gehackt

Saft und abgeriebene Schale von 1 Limette

2 TL gemahlener Koriander

2 TL gemahlener Kreuzkümmel

6 EL Mehl

4 EL Olivenöl

Brunnenkresse, zum Garnieren

Tomatensalsa (Fertigprodukt), zum Servieren

Zubereitung

1 Kichererbsen, Zwiebel, Limettensaft und -schale sowie Gewürze in einer Küchenmaschine zu einer groben Paste verarbeiten.

2 Die Masse auf einer sauberen Arbeitsfläche zu vier flachen Bratlingen formen.

3 Das Mehl auf einen großen Teller geben und die Bratlinge darin wenden.

4 Das Öl in einer großen Pfanne erhitzen und die Bratlinge darin 2 Minuten auf jeder Seite braten, bis sie knusprig sind. Mit Brunnenkresse garnieren und sofort mit Tomatensalsa servieren.

Grünkohlpfanne

Für 4 Personen   Vorbereitung: 20–25 Min.   Garzeit: 15 Min.

Zutaten

750 g frischer Grünkohl

2 EL Sonnenblumenöl

1 Zwiebel, gehackt

4 große Knoblauchzehen,
fein gehackt

2 rote Paprika, in dünnen Streifen

1 große Karotte, grob geraspelt

100 g kleine Brokkoliröschen

1 Prise Chiliflocken (nach Belieben)

125 ml Gemüsebrühe

120 g gemischte Bohnensprossen

1 Handvoll geröstete Cashewkerne,
gehackt

Salz und Pfeffer

Zitronenspalten, zum Servieren

Zubereitung

1 Mit einem scharfen Messer die dicken Blattrippen des Grünkohls entfernen. Einige Blätter übereinanderlegen, dann in feine Streifen schneiden. Wiederholen, bis der ganze Grünkohl fein geschnitten ist, dann beiseitestellen.

2 Das Öl in einem Wok erhitzen. Die Zwiebel darin etwa 3 Minuten braten, dann Knoblauch, Paprika und Karotte zugeben und pfannenrühren, bis die Zwiebel weich ist und die Paprika gerade weich werden.

3 Die Brokkoliröschen und nach Belieben die Chiliflocken zugeben, umrühren. Den Grünkohl zugeben und alles vermengen. Die Brühe zugießen und mit Salz und Pfeffer abschmecken. Die Temperatur auf mittlere Hitze reduzieren und das Ganze abgedeckt etwa 5 Minuten köcheln lassen, bis der Grünkohl gar ist.

4 Den Deckel abnehmen und die verbliebene Flüssigkeit verdampfen lassen. Die Bohnensprossen mithilfe von zwei Gabeln unter die anderen Zutaten mischen, dann noch einmal mit Salz und Pfeffer abschmecken.

5 Auf vier Teller verteilen und mit den Cashewkernen bestreuen. Mit Zitronenspalten garnieren und sofort servieren.

Tofupäckchen

Für 4 Personen   Vorbereitung: 15 Min.   Garzeit: 10–15 Min.

Zutaten

2 EL Olivenöl, plus etwas mehr
zum Bestreichen

1 Knoblauchzehe, zerdrückt

250 g fester Tofu, gewürfelt

250 g Cocktailtomaten, halbiert

1 kleine rote Zwiebel, in dünnen
Ringen

1 Handvoll frische Basilikumblätter

Salz und Pfeffer

knuspriges Brot, zum Servieren

Zubereitung

1 Den Backofen auf 220 °C vorheizen. Vier doppelt gelegte Alufolienquadrate mit 30 cm Seitenlänge zurechtschneiden und mit Öl bestreichen. Das Öl mit dem Knoblauch verrühren.

2 Tofu, Tomaten, Zwiebel und Basilikum auf die Folienquadrate aufteilen und mit Salz und Pfeffer würzen. Mit dem Knoblauchöl beträufeln.

3 Die Alufolie fest verschließen. Die Päckchen auf ein Backblech setzen und im vorgeheizten Ofen 10–15 Minuten backen, bis Gemüse und Tofu heiß sind.

4 Die Päckchen vorsichtig öffnen und mit Brot sofort servieren.

Pasta mit Brokkoli & Chili

Für 4 Personen   Vorbereitung: 15 Min.   Garzeit: 25 Min.

Zutaten

225 g Tortiglioni

225 g Brokkoli

50 ml natives Olivenöl extra

2 große Knoblauchzehen, gehackt

2 frische rote Chilis, entkernt
und gewürfelt

8 Cocktailtomaten, große Exemplare
halbiert (nach Belieben)

Salz

kleine Handvoll frisch gehacktes
Basilikum oder Petersilie, zum
Garnieren

Zubereitung

1 In einem großen Topf Salzwasser zum Kochen bringen. Die Pasta zufügen, das Wasser wieder zum Kochen bringen und die Nudeln 8–10 Minuten garen, bis sie al dente sind. Vom Herd nehmen, abgießen, mit kaltem Wasser abspülen und abtropfen lassen. Beiseitestellen.

2 Inzwischen den Brokkoli in Röschen zerteilen. Leicht gesalzenes Wasser zum Kochen bringen, den Brokkoli zugeben und 5 Minuten garen. Abgießen, mit kaltem Wasser abspülen und abtropfen lassen.

3 Das Öl im Nudeltopf erhitzen. Knoblauch, Chilis und Tomaten (falls verwendet) zufügen. Bei hoher Temperatur 1 Minute braten.

4 Den Brokkoli zugeben und umrühren. 2 Minuten erhitzen. Die Nudeln zufügen, wieder umrühren und alles nochmals 1 Minute erhitzen.

5 Vom Herd nehmen, in eine vorgewärmte Servierschüssel umfüllen und mit Basilikum garnieren. Sofort servieren.

Blumenkohlgratin

Für 4–6 Personen   Vorbereitung: 20 Min.   Garzeit: 20 Min.

Zutaten

1 Blumenkohl, in Röschen
(675 g geputzt)

40 g Butter

40 g Mehl

450 ml Milch

120 g frisch geriebener Emmentaler

1 große Prise frisch geriebene
Muskatnuss

1 EL frisch geriebener Parmesan

Salz und Pfeffer

Zubereitung

1 Leicht gesalzenes Wasser in einem großen Topf zum Kochen bringen. Die Blumenkohlröschen darin 4–5 Minuten garen, bis sie bissfest sind. Gut abtropfen lassen, dann in eine flache Auflaufform (1,5 l Inhalt) geben und warm halten.

2 Die Butter im ausgespülten und getrockneten Topf zerlassen. Das Mehl einstreuen und bei mittlerer Hitze 1 Minute unter Rühren anschwitzen.

3 Den Topf vom Herd nehmen und nach und nach die Milch unterrühren, bis eine glatte Sauce entstanden ist.

4 Den Topf bei geringer Hitze wieder auf den Herd setzen und rühren, bis die Sauce kocht. Die Hitze weiter reduzieren und etwa 3 Minuten unter Rühren sanft köcheln lassen, bis die Sauce cremig und eingedickt ist.

5 Den Topf wieder vom Herd nehmen. Emmentaler und Muskatnuss unterrühren. Großzügig mit Salz und Pfeffer abschmecken. Den Backofengrill vorheizen.

6 Die heiße Sauce über den Blumenkohl gießen. Mit dem Parmesan bestreuen und unter dem vorgeheizten Grill backen, bis das Gratin goldbraun ist. Sofort servieren.

Brokkoli mit Erdnüssen

Für 4 Personen   Vorbereitung: 15 Min.   Garzeit: 8–10 Min.

Zutaten

3 EL Pflanzen- oder Erdnussöl

1 Zitronengrasstängel, grob gehackt

2 frische rote Chilis, entkernt und gehackt

2,5-cm-Stück Ingwerwurzel, gerieben

3 Kaffir-Limettenblätter, grob zerkleinert

3 EL grüne Thai-Currypaste

1 Zwiebel, gehackt

1 rote Paprika, gehackt

350 g Brokkoliröschen

120 g grüne Bohnen

50 g ungesalzene Erdnüsse

Zubereitung

1 2 Esslöffel Öl, Zitronengras, Chilis, Ingwer, Limettenblätter und Currypaste in eine Küchenmaschine oder einen Mixer geben und zu einer Paste verarbeiten.

2 Einen Wok auf mittlerer Stufe erhitzen und das restliche Öl hineingießen. Gewürzpaste, Zwiebel und Paprika zugeben und 2–3 Minuten pfannenrühren, bis das Gemüse weich wird. Brokkoli und grüne Bohnen zufügen, den Wok abdecken und alles auf niedriger Stufe 4–5 Minuten garen, bis das Gemüse weich ist, dabei gelegentlich umrühren.

3 In der Zwischenzeit die Erdnüsse trocken rösten, sodass sie leicht gebräunt sind, zu dem Gemüse geben und gut unterrühren. Sofort servieren.

SCHNELL & EINFACH

Tomatengemüse mit Spiegelei

Für 4 Personen   Vorbereitung: 10 Min.   Garzeit: 30 Min.

Zutaten

4 große, reife Tomaten

1½ EL Rapsöl

1 große Zwiebel, fein gehackt

½ TL Koriandersamen, zerstoßen

½ TL Kümmelsamen, zerstoßen

2 rote Paprika, gewürfelt

¼ TL getrocknete Chiliflocken

1 große Knoblauchzehe,
in dünnen Scheiben

4 Eier

Meersalz und Pfeffer

frisch gehackte glatte Petersilie,
zum Garnieren

Zubereitung

1 Die Tomaten in einer flachen Schüssel mit kochendem Wasser bedecken. Nach 30 Sekunden das Wasser abgießen.

2 Die Tomaten häuten. Das Fruchtfleisch hacken, Saft und Kerne auffangen.

3 Das Öl in einer großen beschichteten Pfanne bei mittlerer Temperatur erhitzen. Zwiebel, Koriander und Kümmel darin etwa 10 Minuten unter gelegentlichem Rühren braten, bis die Zwiebel weich und goldgelb ist.

4 Paprika und Chiliflocken zufügen und etwa 5 Minuten braten, bis die Paprika weich ist.

5 Knoblauch und Tomaten samt Saft und Kernen zufügen und mit Salz und Pfeffer würzen. Abgedeckt bei geringer Hitze 10 Minuten köcheln.

6 Die Eier über dem Gemüse aufschlagen. Abgedeckt 3–4 Minuten garen, bis die Eier gestockt sind. Mit Salz und Pfeffer würzen, mit Petersilie garnieren und sofort servieren.

Spaghetti aglio e olio

Für 4 Personen   Vorbereitung: 10 Min.   Garzeit: 15 Min.

Zutaten

450 g Spaghetti

125 ml natives Olivenöl extra

3 Knoblauchzehen, fein gehackt

3 EL frisch gehackte glatte Petersilie

Salz und Pfeffer

Zubereitung

1   In einem großen Topf leicht gesalzenes Wasser zum Kochen bringen. Die Spaghetti hineingeben, das Wasser erneut aufkochen und die Spaghetti 8–10 Minuten garen, bis sie al dente sind.

2   Derweil das Öl in einer Pfanne erhitzen. Den Knoblauch mit 1 Prise Salz darin bei geringer Hitze unter ständigem Rühren 3–4 Minuten garen, bis er goldgelb ist. Nicht anbräunen, sonst wird er bitter. Vom Herd nehmen.

3   Die Nudeln abgießen und in eine vorgewärmte Servierschüssel füllen. Das Knoblauchöl und die gehackte Petersilie zufügen. Dann mit Salz und Pfeffer nach Geschmack würzen. Gut vermengen und sofort servieren.

Variation
Wenn Sie den Knoblauch mit Chiliflocken garen, erhalten Sie ein schärferes Pastagericht.

FAMILIENGERICHTE

Vegetarische Chili-Burger

Für 4–6 Personen   **Vorbereitung: 35 Min. plus Kühlzeit**   **Garzeit: 25–30 Min.**

Zutaten

80 g Bulgur

300 g Kidneybohnen aus der Dose, abgespült und abgetropft

300 g weiße Bohnen aus der Dose, abgespült und abgetropft

1–2 frische Jalapeño-Chilis, entkernt und grob gehackt

2–3 Knoblauchzehen

6 Frühlingszwiebeln, grob gehackt

1 gelbe Paprika, gehäutet und gehackt

1 EL frisch gehackter Koriander

120 g frisch geriebener Emmentaler

2 EL Weizenvollkornmehl

1–2 EL Sonnenblumenöl

1 große Tomate, in Scheiben

Salz und Pfeffer

Vollkorn-Burger-Brötchen, zum Servieren

Zubereitung

1 Den Bulgur in ein Sieb geben und unter fließend kaltem Wasser abspülen. In einen Topf mit leicht gesalzenem Wasser geben, aufkochen und 12 Minuten köcheln lassen, bis der Bulgur gar ist. Abgießen und abtropfen lassen.

2 Beide Bohnensorten, Chilis, Knoblauch, Frühlingszwiebeln, Paprika, Koriander und die Hälfte des Käses in den Mixer geben und fein hacken. Den Bulgur zufügen und alles mit Salz und Pfeffer abschmecken. Gut verrühren und aus der Mischung vier bis sechs Bratlinge formen. Auf einen Teller legen, abdecken und 1 Stunde in den Kühlschrank stellen. Dann die Bratlinge im Mehl wenden.

3 Den Backofengrill vorheizen. Das Öl in einer großen Pfanne erhitzen und die Bratlinge darin von jeder Seite 5–6 Minuten braten. Jeden Bratling mit 1–2 Tomatenscheiben belegen und mit dem restlichen Käse bestreuen. Auf ein Backblech geben und 2–3 Minuten im vorgeheizten Ofen grillen, bis der Käse zu schmelzen beginnt. In die Burger-Brötchen legen und servieren.

Variation
Sie können die Burger auch mit Salatblättern und Röstzwiebeln oder Ihrer Lieblingssauce variieren.

Gemüseköfte mit Kartoffelpüree

Für 4 Personen | Vorbereitung: 25 Min. plus Abkühl- & Kühlzeit | Garzeit: 25–30 Min.

Zutaten

Köfte

1 EL Olivenöl

25 g Frühlingszwiebeln, gehackt

1 Knoblauchzehe, gehackt

½ frische rote Chili, entkernt und fein gehackt

1 TL gemahlener Kreuzkümmel

450 g Karotten, gerieben

½ TL Salz

3 EL grobe Erdnussbutter

25 g fein gehackter frischer Koriander, plus etwas mehr zum Garnieren

100 g frische Vollkornsemmelbrösel

Mehl, zum Bestäuben

Pflanzenöl, zum Braten

Kartoffelpüree

900 g mehligkochende Kartoffeln, gewürfelt

3 EL Milch

50 g Margarine oder Butter

Salz und Pfeffer

Zubereitung

1 Für die Köfte das Olivenöl in einem großen Topf auf mittlerer Temperatur erhitzen. Frühlingszwiebeln, Knoblauch, Chili und Kreuzkümmel 2 Minuten darin rösten. Karotten und Salz zufügen und verrühren. Den Topf abdecken und das Gemüse 6–8 Minuten bei kleiner Hitze dünsten, bis die Karotten weich sind.

2 Die Karottenmischung in eine große Rührschüssel geben und mit Erdnussbutter und Koriander gründlich vermischen. Abkühlen lassen, dann die Semmelbrösel einrühren.

3 Die Mischung auf einer bemehlten Arbeitsfläche rollen und daraus acht große Köfte formen. 1 Stunde in den Kühlschrank stellen. Das Pflanzenöl in einer Pfanne auf mittlerer Stufe erhitzen und die Köfte darin unter gelegentlichem Wenden 10 Minuten braten, bis sie braun sind.

4 Inzwischen in einem großen Topf leicht gesalzenes Wasser zum Kochen bringen. Die Kartoffeln hineingeben, das Wasser erneut aufkochen und die Kartoffeln 15–20 Minuten köcheln lassen, bis sie gar sind. In eine Rührschüssel umfüllen, Milch und Margarine zugeben und so lange stampfen, bis alle Klumpen aufgelöst sind. Mit Salz und Pfeffer abschmecken.

5 Das Kartoffelpüree auf vorgewärmte Teller verteilen und mit den Köfte belegen. Mit Koriander garnieren und servieren.

Würzige Gemüselasagne

Für 4 Personen   Vorbereitung: 25–30 Min. plus Ruhezeit   Garzeit: 55 Min.

Zutaten

1 Aubergine, in Scheiben

3 EL Olivenöl

2 Knoblauchzehen, zerdrückt

1 rote Zwiebel, halbiert und in dünnen Ringen

3 verschiedenenfarbige Paprika, gewürfelt

225 g Champignons, in Scheiben

2 Selleriestangen, gehackt

1 Zucchini, gewürfelt

½ TL Chilipulver

½ TL gemahlener Kreuzkümmel

2 Tomaten, gehackt

300 g passierte Tomaten

3 EL frisch gehacktes Basilikum

Salz und Pfeffer

8 Lasagneblätter

Käsesauce

25 g Butter

1 EL Mehl

150 ml Gemüsebrühe

300 ml Milch

75 g frisch geriebener Emmentaler

1 TL Dijon-Senf

1 Ei, verquirlt

Zubereitung

1 Die Auberginenscheiben in einen Durchschlag legen, mit Salz bestreuen und 20 Minuten ziehen lassen. Unter fließend kaltem Wasser abspülen, abtropfen lassen und beiseitestellen.

2 Den Backofen auf 180 °C vorheizen. Das Öl in einem Topf erhitzen. Knoblauch und Zwiebel darin 1–2 Minuten scharf anbraten. Paprika, Pilze, Sellerie und Zucchini zufügen und unter ständigem Rühren 3–4 Minuten braten.

3 Chilipulver und Kreuzkümmel unterrühren und das Gemüse 1 weitere Minute braten. Dann Tomaten, passierte Tomaten und 2 Esslöffel Basilikum einrühren und mit Salz und Pfeffer würzen.

4 Für die Käsesauce die Butter in einem Topf zerlassen. Das Mehl zufügen und unter ständigem Rühren 1 Minute anschwitzen. Vom Herd nehmen, nach und nach Brühe und Milch einrühren, zurück auf den Herd stellen und die Hälfte des Käses und den gesamten Senf zufügen. Unter Rühren kochen, bis die Sauce eindickt. Das verbliebene Basilikum unterrühren. Vom Herd nehmen und das Ei einrühren.

5 Die Hälfte der Lasagneblätter in einer Auflaufform verteilen. Darauf die Hälfte des Gemüses und der Tomatensauce, dann die Hälfte der Auberginen geben. Wiederholen und mit der Käsesauce übergießen. Mit dem verbliebenen Käse bestreuen und 40 Minuten im vorgeheizten Ofen backen, bis die Lasagne goldgelb ist. Sofort servieren.

Frühlingseintopf

Für 4 Personen   Vorbereitung: 20 Min.   Garzeit: 35 Min.

Zutaten

2 EL Olivenöl

4–8 Babyzwiebeln, halbiert

2 Selleriestangen, gehackt

225 g Babykarotten, abgebürstet, größere halbiert

300 g neue Kartoffeln, abgebürstet, größere halbiert oder geviertelt

850 ml–1,2 l Gemüsebrühe

400 g weiße Bohnen aus der Dose, abgespült und abgetropft

1 Bouquet garni

1½–2 EL helle Sojasauce

80 g Babymaiskolben

120 g frisch gepalte dicke Bohnen oder Tiefkühlware aufgetaut

½–1 Wirsing oder Weißkohl (etwa 250 g)

1½ EL Speisestärke

2 EL kaltes Wasser

Salz und Pfeffer

frisch geriebener Parmesan, zum Servieren

Zubereitung

1   Das Öl in einem großen Topf erhitzen. Zwiebeln, Sellerie, Karotten und Kartoffeln darin unter häufigem Rühren 5 Minuten garen. Brühe, Bohnen, Bouquet garni und Sojasauce zugeben und aufkochen. Die Hitze reduzieren, den Topf abdecken und alles etwa 12 Minuten köcheln lassen.

2   Mais und dicke Bohnen zufügen und mit Salz und Pfeffer abschmecken. Weitere 3 Minuten köcheln lassen.

3   Unterdessen die äußeren Blätter und den Strunk des Kohls entfernen und den Kohl sehr fein raspeln. In den Topf geben und 3–5 Minuten mitköcheln lassen, bis das gesamte Gemüse gar ist.

4   Die Speisestärke mit dem Wasser glatt rühren, in den Topf gießen und unter Rühren 4–6 Minuten kochen, bis die Flüssigkeit andickt. Den Parmesan separat zum Eintopf servieren.

Vegetarische Hotdogs

Für 4 Personen | Vorbereitung: 25 Min. plus Kühlzeit | Garzeit: 15 Min.

Zutaten

1 EL Sonnenblumenöl, plus etwas mehr zum Braten

1 kleine Zwiebel, fein gehackt

50 g Champignons, fein gehackt

½ rote Paprika, klein gewürfelt

400 g weiße Bohnen aus der Dose, abgespült und abgetropft

100 g frische Semmelbrösel

100 g frisch geriebener Emmentaler

1 TL gemischte getrocknete Kräuter

1 Eigelb

Mehl, gewürzt mit Salz und Pfeffer

Zum Servieren

8 Hotdog-Brötchen

geröstete Zwiebelringe

Tomaten-Chutney

Zubereitung

1 Das Öl in einem Topf erhitzen. Zwiebel, Pilze und Paprika zugeben und weich dünsten.

2 Die Bohnen in einer großen Schüssel mit einer Gabel zerdrücken. Das gedünstete Gemüse, Semmelbrösel, Käse, Kräuter und Eigelb zugeben und vermengen. Die Masse zu acht Köfte formen. Etwas gewürztes Mehl auf die Arbeitsfläche streuen und die Köfte darin wälzen. Auf einen Teller geben, abdecken und 30 Minuten kalt stellen.

3 Öl bei mittlerer Temperatur in einer Pfanne erhitzen und die Köfte darin 10 Minuten braten, bis sie gebräunt sind. Dabei einmal wenden. Die Brötchen halbieren, mit je einem Köfte und Zwiebelringen belegen und mit Tomaten-Chutney bestreichen. Sofort servieren.

Süßkartoffel-Curry

Für 4 Personen   Vorbereitung: 15 Min.   Garzeit: 35 Min.

Zutaten

1 TL Pflanzenöl

100 g Süßkartoffeln, gewürfelt

75 g Kartoffeln, gewürfelt

1 kleine Zwiebel, fein gehackt

1 kleine Knoblauchzehe, fein gehackt

1 kleine frische grüne Chili,
entkernt und gehackt

½ TL gemahlener Ingwer

50 g grüne Linsen

75–100 ml heiße Gemüsebrühe

½ TL Garam masala

1 EL Naturjoghurt

Pfeffer

Zubereitung

1 Das Öl in einem Topf erhitzen und die Süßkartoffeln darin bei mittlerer Hitze unter gelegentlichem Rühren 5 Minuten braten.

2 Inzwischen die Kartoffeln 6 Minuten in köchelndem Wasser kochen, bis sie fast gar sind. Abgießen und beiseitestellen.

3 Die Süßkartoffeln mit einem Schaumlöffel aus dem Topf heben, dann die Zwiebel hineingeben. Unter gelegentlichem Rühren 5 Minuten garen, bis sie glasig sind. Knoblauch, Chili und Ingwer zufügen und unter Rühren 1 Minute braten.

4 Die Süßkartoffeln mit Kartoffeln, Linsen und der Hälfte der Brühe zurück in den Topf geben. Mit Garam masala und Pfeffer abschmecken. Gut verrühren, aufkochen und abgedeckt köcheln lassen.

5 Die Hitze reduzieren und das Curry 20 Minuten köcheln lassen. Sollte es zu trocken werden, die restliche Brühe zugießen. Den Joghurt einrühren und heiß servieren.

Gemüsepastete

Für 4 Personen | Vorbereitung: 20 Min. plus Abkühlzeit | Garzeit: 40 Min.

Zutaten

175 g Karotten, gehackt

150 g Brokkoliröschen

120 g frisch gepalte dicke Bohnen oder Tiefkühlware

50 g Maiskörner aus der Dose oder Tiefkühlware

300 ml Gemüsebrühe

1 EL Speisestärke

2 EL Wasser

1 EL frisch gehackter Koriander

3 Filo-Teigblätter

Pfeffer

Zubereitung

1 Den Backofen auf 190 °C vorheizen. Salzwasser in einem Topf zum Kochen bringen. Die Karotten darin 6 Minuten kochen, dann Brokkoli und Bohnen zugeben und weitere 2 Minuten kochen. Den Mais unterrühren, abgießen und beiseitestellen.

2 Die Brühe in einem anderen Topf erhitzen. Das Gemüse zufügen und bis zum Siedepunkt erhitzen. Die Speisestärke mit dem Wasser in einer Schüssel verrühren, dann in die kochende Brühe gießen. Köcheln lassen, bis die Sauce eindickt. Den Koriander einrühren und mit Pfeffer abschmecken. Die Mischung in eine Auflaufform (1,2 l Inhalt) füllen und abkühlen lassen.

3 1 Filo-Teigblatt auf eine saubere Arbeitsfläche legen und mit etwas Wasser bestreichen. Ein zweites Blatt daraufsetzen. Diese Teigblätter über das Gemüse in der Auflaufform legen und am Rand gut andrücken. Die Teigblätter sollten einen fest verschlossenen Deckel bilden.

4 Die Oberfläche mit etwas Wasser bestreichen und das dritte Teigblatt dekorativ darauf arrangieren. Im vorgeheizten Ofen 25 Minuten backen, bis der Teigdeckel goldbraun ist. Sofort servieren.

Süßkartoffel-Brokkoli-Bratlinge

Für 4–6 Personen · Vorbereitung: 20 Min. plus Kühlzeit · Garzeit: 40–50 Min.

Zutaten

450 g Süßkartoffeln, gewürfelt

175 g Brokkoliröschen

2–3 Knoblauchzehen, zerdrückt

1 rote Zwiebel, fein gehackt oder gerieben

1½–2 rote Jalapeño-Chilis, entkernt und fein gehackt

175 g frisch geriebener Halloumikäse

2 EL Vollkornmehl

2–3 EL Sonnenblumenöl

450 g Zwiebeln, in Ringen

1 EL frisch gehackter Koriander

Salz und Pfeffer

Zubereitung

1 Die Süßkartoffeln in leicht gesalzenem Wasser 15–20 Minuten kochen, bis sie weich sind. Abgießen und zerstampfen. Den Brokkoli in kleine Stücke schneiden und 3 Minuten kochen. Abgießen, abschrecken und zu den Kartoffeln geben.

2 Knoblauch, gehackte Zwiebel, Chilis, Käse, Salz und Pfeffer zufügen und gut vermischen. Die Mischung zu vier bis sechs gleich großen Bratlingen formen. Im Mehl wenden, abdecken und mindestens 1 Stunde kalt stellen.

3 1½ Esslöffel Öl in einer Pfanne erhitzen. Die Zwiebelringe zufügen und bei mittlerer Hitze 12–15 Minuten braten, bis sie weich sind. Den Koriander unterrühren und beiseitestellen.

4 Die Bratlinge in die Pfanne geben und falls nötig mehr Öl zugeben. Bei mittlerer Hitze auf jeder Seite 5–6 Minuten braten, bis sie gar sind.

5 Die Süßkartoffel-Brokkoli-Bratlinge mit Zwiebelringen und frisch gehacktem Koriander garnieren und sofort servieren.

Gemüsechili

Für 4 Personen   Vorbereitung: 25 Min.   Garzeit: 1 Std. 30 Min.

Zutaten

1 Aubergine, in 2,5 cm dicken Scheiben

1 EL Olivenöl, plus etwas mehr zum Bestreichen

1 große rote oder gelbe Zwiebel, fein gehackt

2 rote oder gelbe Paprika, fein gehackt

3–4 Knoblauchzehen, fein gehackt oder zerdrückt

800 g gehackte Tomaten aus der Dose

1 EL mildes Chilipulver (nach Geschmack)

½ TL gemahlener Kreuzkümmel

½ TL getrockneter Oregano

2 kleine Zucchini, längs geviertelt und in Scheiben

400 g Kidneybohnen aus der Dose, abgespült und abgetropft

450 ml Wasser

1 EL Tomatenmark

Salz und Pfeffer

gehackte Frühlingszwiebeln und frisch geriebener Emmentaler, zum Servieren

Zubereitung

1 Die Auberginenscheiben auf einer Seite mit Öl bestreichen. Die Hälfte des Öls in einer großen Pfanne mit dickem Boden bei mittlerer bis hoher Temperatur erhitzen. Die Auberginenscheiben mit der eingeölten Seite nach oben hineinlegen und 5–6 Minuten braten, bis sie gebräunt sind. Wenden und die andere Seite bräunen. Auf einen Teller legen und in mundgerechte Stücke schneiden.

2 Das restliche Öl in einem großen Topf bei mittlerer Temperatur erhitzen. Zwiebel und Paprika darin unter gelegentlichem Rühren 3–4 Minuten dünsten, bis die Zwiebel gerade weich, aber nicht gebräunt ist. Den Knoblauch zugeben und 2–3 Minuten mitgaren, bis die Zwiebel etwas Farbe annimmt.

3 Tomaten, Chilipulver, Kreuzkümmel und Oregano zufügen. Mit Salz und Pfeffer würzen. Die Sauce kurz zum Kochen bringen, dann die Temperatur reduzieren und die Sauce abgedeckt 15 Minuten köcheln lassen.

4 Zucchini, Auberginen und Bohnen zufügen. Wasser und Tomatenmark einrühren. Das Gemüse aufkochen, abdecken und weitere 45 Minuten köcheln lassen, bis es gar ist. Abschmecken und bei Bedarf mit Salz und Pfeffer nachwürzen. In vorgewärmte Suppenschalen füllen und mit Frühlingszwiebeln und Käse bestreuen.

Linsenbolognese

Für 4 Personen   Vorbereitung: 15–20 Min.   Garzeit: 30–40 Min.

Zutaten

175 g grüne Linsen

2 EL Olivenöl

1 große Zwiebel, gehackt

2 Knoblauchzehen, zerdrückt

2 Karotten, gehackt

2 Selleriestangen, gehackt

800 g gehackte Tomaten aus
der Dose

150 ml Gemüsebrühe

1 rote Paprika, gehackt

2 EL Tomatenmark

2 TL sehr fein gehackter frischer
Rosmarin

1 TL getrockneter Oregano

280 g Spaghetti oder Linguine

Salz und Pfeffer

1 Handvoll frische Basilikumblätter,
klein zerzupft

frisch geriebener Parmesan,
zum Servieren

Zubereitung

1 Die Linsen in einen Topf geben und mit kaltem Wasser bedecken. Zum Kochen bringen und 20–30 Minuten kochen, bis die Linsen gar sind. Gut abtropfen.

2 Währenddessen das Öl in einem großen Topf erhitzen. Zwiebel, Knoblauch, Karotten und Sellerie zugeben und 5 Minuten abgedeckt dünsten. Tomaten, Brühe, Paprika, Tomatenmark, Rosmarin und Oregano einrühren. Abdecken und 20 Minuten köcheln lassen, bis die Sauce andickt und das Gemüse gar ist. Die Linsen zugeben und unter Rühren weitere 5 Minuten kochen. Mit Salz und Pfeffer würzen.

3 In der Zwischenzeit in einem großen Topf leicht gesalzenes Wasser zum Kochen bringen. Die Pasta hineingeben, das Wasser aufkochen und die Nudeln 8–10 Minuten kochen, bis sie al dente sind. Abgießen und auf vier vorgewärmte Pastateller verteilen. Die Linsenbolognese darübergeben und mit Basilikum bestreuen. Sofort mit dem Käse servieren.

Tortillas mit Chili & Tofu

Für 4 Personen   Vorbereitung: 35 Min.   Garzeit: 31–33 Min.

Zutaten

½ TL Chilipulver

1 TL Paprikapulver

2 EL Mehl

225 g fester Tofu, in 1 cm großen Würfel

2 EL Pflanzenöl

1 Zwiebel, fein gehackt

1 Knoblauchzehe, zerdrückt

1 große rote Paprika, fein gehackt

1 große reife Avocado

1 EL Limettensaft

4 Tomaten, gehäutet, entkernt und gehackt

125 g frisch geriebener Emmentaler

8 weiche Tortillas

150 g saure Sahne

Salz und Pfeffer

eingelegte grüne Jalapeño-Chilis, zum Servieren

Sauce

850 g passierte Tomaten

3 EL frisch gehackte Petersilie

3 EL frisch gehackter Koriander

Zubereitung

1   Den Backofen auf 190 °C vorheizen. Chili- und Paprikapulver, Mehl sowie Salz und Pfeffer auf einem Teller mischen und die Tofuwürfel darin wälzen.

2   Das Öl in einer Pfanne erhitzen und die Tofuwürfel darin 3–4 Minuten braten, bis sie goldbraun sind. Mit einem Schaumlöffel herausnehmen, auf Küchenpapier abtropfen lassen und beiseitestellen.

3   Zwiebel, Knoblauch und rote Paprika ins Öl geben und 2–3 Minuten dünsten, bis sie gerade weich sind. Abtropfen lassen und beiseitestellen.

4   Die Avocado halbieren, schälen und den Kern entfernen. Längs in Scheiben schneiden, in eine Schüssel geben und sofort mit dem Limettensaft mischen.

5   Tofu und Zwiebelmischung zugeben, dann vorsichtig die Tomaten und die Hälfte des Käses unterrühren. Auf jede Tortilla unterhalb der Mitte etwas von der Füllung setzen, 1 Löffel saure Sahne daraufgeben und die Tortilla aufrollen. Die Tortillas nebeneinander in eine flache Auflaufform legen.

6   Alle Zutaten für die Sauce verrühren. Die Sauce auf den Tortillas verteilen, mit dem restlichen Käse bestreuen und im vorgeheizten Ofen 25 Minuten backen, bis der Käse goldbraun ist und Blasen wirft. Sofort mit den Jalapeño-Chilis servieren.

Überbackene Ofenkartoffeln

Für 4 Personen   Vorbereitung: 20 Min.   Garzeit: 1 Std. 17 Min.–
1 Std. 38 min

Zutaten

4 große Kartoffeln (à 400 g),
abgebürstet

Öl, zum Bestreichen

2 EL Milch oder Sahne

2 Eier, getrennt

100 g frisch geriebener Emmentaler

1 EL Butter

4 Frühlingszwiebeln, fein gehackt

Salz und Pfeffer

Zubereitung

1 Den Backofen auf 200 °C vorheizen. Die Kartoffeln mit Öl bestreichen und mit Salz einreiben. Auf ein Backblech setzen und im vorgeheizten Ofen 60–90 Minuten backen, bis sie gar sind. (Den Ofen nicht ausschalten.)

2 Längs eine dünne Scheibe abschneiden und die Kartoffeln bis auf eine 5 mm dicke Wand aushöhlen. Das Kartoffelfleisch in eine Schüssel geben und mit Milch, Eigelb und der Hälfte des Käses glatt rühren.

3 Die Butter in einem kleinen Topf zerlassen. Die Frühlingszwiebeln darin 1–2 Minuten unter Rühren dünsten, bis sie weich sind. Unter die Kartoffelmischung rühren und mit Salz und Pfeffer würzen.

4 Das Eiweiß in einer Schüssel steif schlagen. Locker unter die Kartoffelmasse heben und die ausgehöhlten Kartoffeln mit der Masse füllen.

5 Die gefüllten Kartoffeln auf das Backblech setzen und mit dem restlichen Käse bestreuen. 15–20 Minuten im Ofen überbacken, bis die Oberfläche goldbraun ist.

Makkaroniauflauf

Für 4 Personen   Vorbereitung: 15–20 Min.   Garzeit: 30–35 Min.

Zutaten

250 g kleine Makkaroni

50 g Butter, plus etwas mehr
für die Pasta

600 ml Milch

½ TL frisch geriebene Muskatnuss

50 g Mehl

200 g frisch geriebener Emmentaler

50 g frisch geriebener Parmesan

200 g Babyspinat

Salz und Pfeffer

Zubereitung

1 Leicht gesalzenes Wasser in einem großen Topf zum Kochen bringen. Die Makkaroni nach Packungsangaben garen, bis sie al dente sind. Das Wasser abgießen und die Nudeln abtropfen lassen. Mit etwas Butter wieder in den Topf geben und warm halten.

2 Die Milch mit der Muskatnuss in einen Topf geben und bei niedriger Temperatur erhitzen, aber nicht zum Kochen bringen. Die Butter in einem zweiten Topf bei kleiner Hitze zerlassen. Das Mehl einstreuen und 2 Minuten unter Rühren anschwitzen. Die warme Milch unter ständigem Rühren langsam zugießen und 10–15 Minuten sanft köcheln lassen, bis die Sauce eindickt.

3 Je drei Viertel des Emmentalers und Parmesans kräftig unterrühren, bis der Käse geschmolzen ist. Den Spinat untermischen. Mit Salz und Pfeffer abschmecken. Den Topf vom Herd nehmen.

4 Den Backofengrill vorheizen. Die Makkaroni in eine flache Auflaufform geben und mit der Sauce übergießen. Mit dem restlichen Käse bestreuen und unter dem heißen Grill so lange überbacken, bis der Käse leicht gebräunt ist. Sofort servieren.

Kartoffel-Pilz-Auflauf

Für 2–4 Personen   Vorbereitung: 20 Min.   Garzeit: 55 Min.

Zutaten

Butter, zum Einfetten

500 g gegarte festkochende
Kartoffeln, in dünnen Scheiben

150 g gemischte Pilze, in Scheiben

1 EL frisch gehackter Rosmarin

4 EL Schnittlauchröllchen, plus etwas
mehr zum Garnieren

2 Knoblauchzehen, zerdrückt

150 g Sahne

Salz und Pfeffer

Zubereitung

1 Den Backofen auf 190 °C vorheizen. Eine große Auflaufform mit Butter einfetten.

2 Ein Viertel der Kartoffeln auf den Boden der Form legen. Ein Drittel der Pilze darauf verteilen und mit einem Drittel von Rosmarin, Schnittlauch und Knoblauch bestreuen. Das restliche Gemüse in der gleichen Reihenfolge aufschichten, mit Kartoffeln enden.

3 Die Sahne gleichmäßig über die Kartoffeln verteilen und alles mit Salz und Pfeffer würzen.

4 Im vorgeheizten Ofen 45 Minuten backen, bis der Auflauf goldbraun ist. Mit Schnittlauchröllchen garnieren und sofort servieren.

Bohnen-Reis-Topf

Für 6 Personen

Vorbereitung: 10–15 Min.
plus Einweichzeit

Garzeit: 2 Std. 25 Min.–
2 Std. 30 Min.

Zutaten

225 g getrocknete Augenbohnen, über
Nacht eingeweicht und abgetropft

1,2 l Wasser

225 g Langkornreis

Tomatensauce

25 g Butter

2 EL Maiskeimöl

1 Zwiebel, fein gehackt

400 g gehackte Tomaten aus der Dose

2 EL Tomatenmark

brauner Zucker (nach Geschmack)

½ TL Cayennepfeffer

100 ml Wasser

Salz und Pfeffer

Zubereitung

1 Die Bohnen in einen großen Topf geben und mit Wasser bedecken. Zum Kochen bringen, 15 Minuten sprudelnd kochen lassen,
dann vom Herd nehmen und abgießen. Die Bohnen zurück in
den Topf geben und 1,2 l Wasser zugießen. Einmal aufkochen,
dann bei reduzierter Hitze halb abgedeckt 1½ Stunden köcheln
lassen.

2 Unterdessen die Sauce zubereiten. Hierzu die Butter mit dem
Öl in einem Topf erhitzen. Die Zwiebel darin bei geringer
Temperatur 5 Minuten unter Rühren dünsten, bis sie glasig ist.
Tomaten, Tomatenmark, Zucker nach Geschmack, Cayenne-
pfeffer und Wasser einrühren, dann mit Salz und Pfeffer würzen.
Auf mittlere Hitze erhöhen, die Sauce zum Kochen bringen
und dann bei reduzierter Hitze unter gelegentlichem Rühren
15 Minuten köcheln lassen, bis sie eindickt.

3 Den Reis zu den Bohnen geben, abdecken und 15 Minuten
garen.

4 Die Sauce in den Topf zu der Bohnen-Reis-Mischung gießen,
abdecken und alles weitere 15–20 Minuten kochen, bis Bohnen
und Reis gar sind. Sofort servieren.

Süßkartoffel-Ravioli mit Salbeibutter

Für 4 Personen   **Vorbereitung: 45 Min.** plus Kühlzeit   **Garzeit: 35 Min.**

Zutaten

Pastateig

400 g Mehl (Type 550)

4 Eier, verquirlt

sehr feiner Hartweizengrieß, zum Bestreuen

Salz

Füllung

500 g Süßkartoffeln

3 EL Olivenöl

1 große Zwiebel, fein gehackt

1 Knoblauchzehe, zerdrückt

1 TL frisch gehackter Thymian

2 EL flüssiger Honig

Salz und Pfeffer

Salbeibutter

50 g Butter

1 Bund frischer Salbei, Blätter fein gehackt, plus einige Blätter zum Garnieren

Zubereitung

1   Für den Pastateig das Mehl in eine große Schüssel sieben. Die Eier zufügen und vermischen, bis ein weicher Teig entsteht, der nicht klebt. Den Teig auf die leicht mit Grieß bestreute Arbeitsfläche geben und 4–5 Minuten kneten, bis er weich ist. Mit Frischhaltefolie abdecken und mindestens 30 Minuten in den Kühlschrank stellen.

2   Für die Füllung die Süßkartoffeln würfeln. In kochendem Wasser 20 Minuten köcheln, bis sie weich sind. Abgießen und stampfen.

3   Das Öl auf mittlerer Temperatur in einer Pfanne erhitzen und die Zwiebel unter häufigem Rühren 4–5 Minuten darin dünsten. Zwiebel, Knoblauch und Thymian in das Süßkartoffelpüree einarbeiten. Mit dem Honig beträufeln und mit Salz und Pfeffer abschmecken. Beiseitestellen.

4   Den Teig mit einer Maschine 1 mm dick ausrollen. Alternativ mit einer Teigrolle auf der mit Grieß bestreuten Arbeitsfläche ausrollen.

5   Die Teigplatte halbieren. Die Füllung teelöffelweise in regelmäßigen Abständen auf einer Platte verteilen. Den Teig um die Füllung herum mit Wasser bestreichen und mit der zweiten Teigplatte belegen. Den Teig um die Füllung herum festdrücken und mit einem scharfen Messer Quadrate ausschneiden. Die Ravioli auf ein mit Grieß bestreutes Stück Backpapier legen.

6 Salzwasser in einem Topf zum Kochen bringen und die Ravioli darin 2–3 Minuten ziehen lassen, bis sie an die Oberfläche steigen und noch al dente sind.

7 Inzwischen Butter und gehackten Salbei in einen kleinen Topf geben und langsam erhitzen.

8 Die Ravioli abgießen und sofort mit der Salbeibutter begießen. Mit Salbeiblättern garniert servieren.

Zucchini-Paprika-Auflauf

Für 4 Personen   Vorbereitung: 20 Min.   Garzeit: 45 Min.

Zutaten

25 g Butter

2 EL Olivenöl

1 Zwiebel, in dünnen Ringen

2 Knoblauchzehen, fein gehackt

1 Selleriestange, fein gehackt

700 g Zucchini, in Scheiben

2 große rote Paprika, in Streifen

50 g Champignons, Stiele entfernt

400 g gehackte Tomaten aus der Dose

2 EL Tomatenmark

brauner Zucker (nach Geschmack)

1 EL frisch gehacktes Basilikum

1 Lorbeerblatt

100 ml Wasser

50 g frisch geriebener Parmesan

Salz und Pfeffer

Zubereitung

1 Die Butter mit dem Öl in einem großen Topf erhitzen. Zwiebel, Knoblauch, Sellerie, Zucchini, Paprika und Champignons darin bei geringer Temperatur 5 Minuten unter Rühren dünsten. Tomaten, Tomatenmark, Zucker nach Geschmack, Basilikum, Lorbeerblatt und Wasser einrühren, dann nur leicht mit Salz und Pfeffer würzen. Die Temperatur auf mittlere Hitze erhöhen, alles zum Kochen bringen und bei reduzierter Hitze unter gelegentlichem Rühren 30 Minuten köcheln lassen, bis die Sauce eindickt und das Gemüse gar ist.

2 Unterdessen den Backofengrill vorheizen. Das Lorbeerblatt entfernen und wegwerfen. Das Gemüse samt Sauce in eine Auflaufform füllen. Mit dem Parmesan bestreuen und unter dem vorgeheizten Grill 3–5 Minuten überbacken, bis die Oberfläche goldbraun ist und Blasen wirft. Sofort servieren.

Tofubratlinge mit Chili-Dip

Für 4 Personen   Vorbereitung: 25–30 Min. plus Kühlzeit   Garzeit: 10–15 Min.

Zutaten

300 g fester Tofu, grob gerieben

1 Stängel Zitronengras, fein gehackt

2 Knoblauchzehen, gehackt

2,5-cm-Stück Ingwerwurzel, gerieben

2 Kaffir-Limettenblätter, fein gehackt (nach Belieben)

2 Schalotten, fein gehackt

2 frische rote Chilis, entkernt und fein gehackt

4 EL frisch gehackter Koriander

90 g Mehl, plus etwas mehr zum Bestäuben

½ TL Salz

Maisöl, zum Braten

Chili-Dip

3 EL Weißweinessig

2 Frühlingszwiebeln, in dünnen Ringen

1 EL Feinstzucker

2 frische Chilis, gehackt

2 EL frisch gehackter Koriander

1 Prise Salz

Zubereitung

1 Für den Dip alle Zutaten in einer kleinen Schüssel verrühren und beiseitestellen.

2 Den Tofu mit Zitronengras, Knoblauch, Ingwer, Limettenblättern, Schalotten, Chilis und Koriander in einer Rührschüssel vermischen. Mit Mehl und Salz zu einem groben, klebrigen Teig verrühren. Abdecken und 1 Stunde in den Kühlschrank stellen.

3 Den Teig zu acht etwa walnussgroßen Kugeln formen und mit bemehlten Händen zu Bratlingen flach drücken. Den Boden einer großen Pfanne mit Öl bedecken und das Öl auf mittlerer Temperatur erhitzen. Die Bratlinge in zwei Portionen unter einmaligem Wenden 4–6 Minuten braten, bis sie goldbraun sind. Auf Küchenpapier abtropfen lassen und warm mit dem Chili-Dip servieren.

Ratatouille mit Kartoffelspalten

Für 4 Personen   Vorbereitung: 25 Min.   Garzeit: 55–60 Min.

Zutaten

300 g Kartoffeln

200 g Auberginen, gewürfelt

125 g rote Zwiebeln, in Ringen

200 g verschiedenfarbige Paprika, in Streifen

175 g Zucchini, in Scheiben

125 g Cocktailtomaten

90 g fettreduzierter Frischkäse

1 TL flüssiger Honig

1 Prise geräuchertes Paprikapulver

1 TL frisch gehackte glatte Petersilie, zum Garnieren

Marinade

1 TL Pflanzenöl

1 EL Zitronensaft

4 EL Weißwein

1 TL Zucker

2 EL frisch gehacktes Basilikum

1 TL frisch gehackter Rosmarin

1 EL frisch gehackter Zitronenthymian

¼ TL geräuchertes Paprikapulver

Zubereitung

1 Den Backofen auf 200 °C vorheizen.

2 Die Kartoffeln mit Schale 30 Minuten im Ofen garen. Herausnehmen und in Spalten schneiden. Das Kartoffelfleisch sollte vollständig durchgegart sein.

3 Für die Marinade alle Zutaten in eine Schüssel geben und mit dem Handmixer glatt rühren. Alternativ einen Standmixer verwenden.

4 Die Kartoffelspalten mit Aubergine, Zwiebeln, Paprika und Zucchini in eine Schüssel geben, mit der Marinade übergießen und gründlich mischen.

5 Das Gemüse auf einem beschichteten Backblech verteilen und im vorgeheizten Ofen 25–30 Minuten backen, bis es goldbraun ist. Zwischendurch gelegentlich wenden. 5 Minuten vor Ende der Garzeit die Tomaten zufügen und mitgaren, bis die Häute platzen und die Tomaten heiß sind.

6 Frischkäse, Honig und Paprika in einer Schüssel verrühren.

7 Das Gemüse mit der Petersilie garnieren und mit der Frischkäsecreme servieren.

Gebackene Auberginen mit Tomatensauce

Für 6 Personen   Vorbereitung: 25–30 Min.   Garzeit: 55–60 Min.

Zutaten

40 g Butter, plus etwas mehr
zum Einfetten

40 g Semmelbrösel

I große Aubergine,
in I cm dicken Scheiben

I TL getrockneter Oregano

50 g frisch geriebener Parmesan

Salz und Pfeffer

Tomatensauce

25 g Butter

2 EL Olivenöl

I kleine Zwiebel, fein gehackt

I Knoblauchzehe, fein gehackt

I Selleriestange, fein gehackt

400 g gehackte Tomaten aus
der Dose

2 EL Tomatenmark

brauner Zucker (nach Geschmack)

I EL frisch gehacktes Basilikum, plus
etwas mehr zum Garnieren

I TL getrockneter Oregano

100 ml Wasser

Salz und Pfeffer

Zubereitung

1 Für die Sauce die Butter mit dem Öl in einem Topf erhitzen. Zwiebel, Knoblauch und Sellerie darin bei geringer Temperatur 5 Minuten unter Rühren dünsten, bis sie weich sind. Tomaten, Tomatenmark, Zucker nach Geschmack, Basilikum, Oregano und Wasser einrühren, dann mit Salz und Pfeffer würzen. Die Temperatur auf mittlere Hitze erhöhen, die Sauce zum Kochen bringen und bei reduzierter Hitze unter gelegentlichem Rühren 15–20 Minuten köcheln lassen, bis sie eindickt.

2 Unterdessen den Backofen auf 230 °C vorheizen. Eine flache Auflaufform mit Butter einfetten. Die restliche Butter zerlassen und in einen tiefen Teller gießen. Die Semmelbrösel auf einen zweiten Teller geben. Die Auberginenscheiben zunächst in der Butter und dann in den Semmelbröseln wenden. In die Auflaufform geben und mit Salz und Pfeffer würzen. 20 Minuten im Ofen backen, bis die Auberginenscheiben goldbraun und zart sind.

3 Aus dem Ofen nehmen und auf jede Auberginenscheibe einen Löffel Tomatensauce geben sowie mit etwas Oregano und Parmesan bestreuen. Zurück in den Ofen geben und weitere 10 Minuten gratinieren, bis der Käse goldbraun ist. Auf einen vorgewärmten Servierteller geben, mit Basilikum garnieren und sofort servieren.

Cannelloni mit Spinat & Ricotta

Für 4 Personen   Vorbereitung: 25 Min.   Garzeit: 50–55 Min.

Zutaten

zerlassene Butter, zum Einfetten

12 Cannelloniröhren (7,5 cm lang)

Salz und Pfeffer

Füllung

140 g Spinat, Tiefkühlware aufgetaut
und abgetropft

120 g Ricotta

1 Ei

3 EL frisch geriebener Pecorino

1 Prise frisch geriebene Muskatnuss

Käsesauce

25 g Butter

2 EL Mehl

600 ml heiße Milch

80 g frisch geriebener Gruyère

Zubereitung

1 Den Backofen auf 180 °C vorheizen und eine rechteckige Auflaufform mit der zerlassenen Butter einfetten.

2 In einem großen Topf leicht gesalzenes Wasser zum Kochen bringen. Die Cannelloni zugeben, das Wasser erneut aufkochen und die Nudeln 6–7 Minuten garen, bis sie fast gar sind. Abgießen, mit kaltem Wasser abschrecken und auf ein sauberes Küchentuch legen.

3 Für die Füllung Spinat und Ricotta im Mixer kurz mischen. Ei und Pecorino zufügen und zu einer glatten Paste verarbeiten. In eine Schüssel geben, den Muskat zufügen und mit Salz und Pfeffer würzen.

4 Die Füllung in einen Spritzbeutel mit einer glatten Tülle (1 cm Ø) geben. Die Cannelloni behutsam öffnen und ein wenig Füllung hineinspritzen. Die gefüllten Röhren in die vorbereitete Form legen.

5 Für die Käsesauce die Butter in einem Topf zerlassen. Das Mehl darin bei geringer Hitze unter Rühren 1 Minute anschwitzen. Vom Herd nehmen und nach und nach die heiße Milch einrüh-

ren. Zurück auf den Herd stellen und unter Rühren zum Kochen bringen. Bei geringer Hitze 10 Minuten unter häufigem Rühren köcheln, bis die Sauce eindickt.

6 Vom Herd nehmen, den Käse unterrühren und mit Salz und Pfeffer würzen.

7 Die Cannelloni mit der Sauce übergießen. Die Form mit Alufolie abdecken und die Cannelloni 20–25 Minuten im vorgeheizten Ofen backen. Sofort servieren.

Zucchinipizza mit Feta

Ergibt: 2 Pizzas   **Vorbereitung:** 35 Min. plus Gehzeit   **Garzeit:** 15–20 Min.

Zutaten

Pizzateig

300 g Mehl (Type 550), plus etwas mehr zum Bestäuben

1 TL Trockenhefe

1½ TL Salz

175 ml lauwarmes Wasser

1 EL Olivenöl, plus etwas mehr zum Einfetten

Belag

1 EL Olivenöl

1 Knoblauchzehe, zerdrückt

1 große Zucchini, längs in dünnen Scheiben

200 g passierte Tomaten

250 g Feta, zerkrümelt

Salz und Pfeffer

frische Minzeblätter, grob zerzupft, zum Garnieren

Zubereitung

1 Das Mehl in eine Rührschüssel sieben, Hefe und Salz zufügen und eine Mulde in die Mitte drücken. Wasser und Öl vermischen, in die Mulde geben und mit dem Mehl nach und nach zu einem klebrigen Teig verrühren.

2 Den Teig auf einer leicht bemehlten Arbeitsfläche 10 Minuten kneten, bis er glatt und elastisch ist.

3 Den Teig mit leicht eingeölter Frischhaltefolie oder einem feuchten Küchentuch abdecken und 1 Stunde gehen lassen, bis sich sein Volumen verdoppelt hat.

4 Den Teig 1 Minute leicht kneten, dann in zwei Kugeln aufteilen. Die Kugeln flach drücken und mit der Teigrolle auf einer leicht bemehlten Arbeitsfläche ausrollen. Dabei nach jedem Rollen um ein Viertel drehen.

5 Den Backofen auf 220 °C vorheizen. Die Pizzaböden mithilfe der Teigrolle auf zwei Backbleche legen.

6 Für den Belag das Öl in einer Grillpfanne auf mittlerer Stufe erhitzen. Knoblauch und Zucchini zugeben und unter regelmäßigem Wenden 4–5 Minuten braten. Herausnehmen und auf Küchenpapier abtropfen lassen.

7 Die passierten Tomaten auf die beiden Böden verteilen und bis fast zum Rand verstreichen. Die Zucchinischeiben auf den Böden anrichten, mit Feta bestreuen und mit Salz und Pfeffer würzen. 10–12 Minuten im Ofen backen, bis der Käse leicht gebräunt ist und die Böden knusprig sind. Mit frischer Minze garnieren und sofort servieren.

Tortilla mit Feta & Spinat

Für 4 Personen

Vorbereitung: 20 Min. plus Kühlzeit

Garzeit: 35–40 Min.

Zutaten

250 g neue Kartoffeln, abgebürstet

80 g Babyspinat

5 Eier

1 EL frisch gehackter Dill, plus etwas mehr zum Garnieren

1 EL Schnittlauchröllchen, plus etwas mehr zum Garnieren

125 g Feta, zerkrümelt

1 EL Butter

1 EL Olivenöl

Salz und Pfeffer

Zubereitung

1 Leicht gesalzenes Wasser in einem Topf zum Kochen bringen, die Kartoffeln hineingeben und 25 Minuten köcheln lassen, bis sie gar sind. Den Spinat in einen Durchschlag geben und die Kartoffeln darüber abgießen. Zum Abkühlen kurz beiseitestellen.

2 Die Kartoffeln in 5 mm dicke Scheiben schneiden. Das Wasser aus dem Spinat ausdrücken. Den Backofengrill auf höchster Stufe vorheizen.

3 Die Eier leicht verquirlen und Dill und Schnittlauch einrühren. Mit Pfeffer bestreuen und 90 g Feta zugeben. Die Butter mit dem Öl in einer hitzebeständigen Pfanne (20 cm Ø) erhitzen, bis die Butter schäumt. Kartoffelscheiben und Spinat zugeben und 1 Minute rühren. Die Eier-Käse-Mischung darübergießen.

4 Unter Rühren 1 Minute weitergaren, bis das Ei leicht gestockt ist, dann weitere 2–3 Minuten garen, ohne zu rühren, bis die Tortilla auf der Unterseite goldbraun ist. Mit dem restlichen Käse bestreuen und unter den vorgeheizten Grill schieben. 2 Minuten garen, bis die Tortilla oben goldbraun ist. Heiß oder kalt mit Dill und Schnittlauch garniert servieren.

Pastinakenauflauf mit Tomaten

Für 4–6 Personen   Vorbereitung: 20 Min.   Garzeit: 55–60 Min.

Zutaten

3 EL Olivenöl

600 g Pastinaken, in dünnen Scheiben

1 TL frische Thymianblätter

1 TL Zucker

300 g Sahne

600 g Tomaten, in dünnen Scheiben

1 TL getrockneter Oregano

150 g frisch geriebener Emmentaler

Salz und Pfeffer

Zubereitung

1 Den Backofen auf 180 °C vorheizen.

2 Das Öl bei mittlerer Temperatur in einer Pfanne erhitzen. Pastinaken, Thymian und Zucker zugeben. Mit Salz und Pfeffer würzen und unter häufigem Rühren 6–8 Minuten braten, bis das Gemüse goldbraun ist.

3 Die Hälfte der Pastinakenmischung in eine Auflaufform geben. Die Hälfte der Sahne darübergießen, dann mit der Hälfte der Tomaten belegen. Mit Salz und Pfeffer und der Hälfte des Oreganos bestreuen. Mit der Hälfte des Emmentalers belegen. In derselben Reihenfolge die restlichen Zutaten darüberschichten.

4 Mit Alufolie abdecken und im vorgeheizten Ofen 40 Minuten backen, bis die Pastinaken weich sind. Die Folie entfernen und den Auflauf weitere 5–10 Minuten backen, bis die Oberfläche goldbraun ist und der Käse Blasen wirft. Sofort servieren.

Rigatoni mit Zucchini & Tomaten

Für 4 Personen   Vorbereitung: 20 Min.   Garzeit: 30–35 Min.

Zutaten

4 Zucchini, gewürfelt

2½ EL Olivenöl

1 Zwiebel, fein gehackt

1 Knoblauchzehe, zerdrückt

800 g gehackte Tomaten aus der Dose

6 sonnengetrocknete Tomaten, gehackt

225 ml Gemüsebrühe

½ TL getrockneter Oregano

300 g Rigatoni

125 g Mascarpone

1 große Handvoll frische Basilikumblätter, zerzupft

Salz und Pfeffer

Zubereitung

1 Den Backofen auf 200 °C vorheizen. Die Zucchini mit 1½ Esslöffeln Öl in eine Auflaufform geben. Durchrühren und in einer Lage verteilen. 15–20 Minuten im Ofen backen, bis die Zucchini leicht gebräunt sind.

2 Währenddessen das restliche Öl in einem Topf erhitzen. Zwiebel und Knoblauch zufügen und 5 Minuten dünsten, bis die Zwiebel glasig ist. Dosentomaten, getrocknete Tomaten, Brühe und Oregano zugeben. 10 Minuten köcheln lassen, bis die Flüssigkeit leicht reduziert ist.

3 In der Zwischenzeit in einem Topf leicht gesalzenes Wasser zum Kochen bringen. Die Rigatoni darin 11–13 Minuten kochen, bis sie al dente sind. Abtropfen und wieder in den Topf geben.

4 Den Mascarpone in die heiße Tomatensauce einrühren, bis er vollständig aufgelöst ist. Kräftig mit Salz und Pfeffer würzen. Mit Zucchinistücken und Basilikumblättern zur Pasta geben und alles gut vermengen. Sofort servieren.

Gebackener Butternutkürbis

Für 4 Personen   Vorbereitung: 25–30 Min.   Garzeit: 1 Std. 10 Min.
plus Abkühlzeit

Zutaten

1 Butternutkürbis, ca. 450 g

1 Zwiebel, gehackt

2–3 Knoblauchzehen, zerdrückt

4 kleine Tomaten, gehackt

80 g braune Champignons, gehackt

80 g weiße Bohnen aus der Dose, abgespült, abgetropft und grob gehackt

1 Zucchini, ca. 120 g, geraspelt

1 EL frisch gehackter Oregano, plus einige Blätter zum Garnieren

2 EL Tomatenmark

300 ml Wasser

4 Frühlingszwiebeln, gehackt

1 EL vegetarische Worcester- oder Pfeffersauce (nach Geschmack)

Pfeffer

Zubereitung

1 Den Backofen auf 190 °C vorheizen. Den Kürbis ringsherum mit einem Metallspieß einstechen und 40 Minuten im Ofen garen. Aus dem Ofen nehmen und etwas abkühlen lassen.

2 Den Kürbis längs halbieren, Kerne und Fasern herausschaben und entsorgen. Etwas Fruchtfleisch herausschaben, sodass in beiden Hälften größere Vertiefungen entstehen. Das herausgeschabte Kürbisfleisch hacken und in eine Schüssel geben. Die Kürbishälften nebeneinander in einen großen Bräter legen.

3 Zwiebel, Knoblauch, Tomaten und Pilze zum gehackten Kürbisfleisch geben. Weiße Bohnen, Zucchini, Oregano und Pfeffer zufügen und gründlich mischen. Die Füllung in die Kürbishälften geben und gut andrücken.

4 Tomatenmark mit Wasser, Frühlingszwiebeln und Worcestersauce in einer kleinen Schüssel verrühren und um sowie über die Kürbishälften in den Bräter gießen.

5 Locker mit einem großen Stück Alufolie abdecken und 30 Minuten backen. In vier Portionen teilen, auf vier vorgewärmten Tellern anrichten und mit Oregano bestreuen. Servieren.

Penne mit Tomaten-
sauce & zweierlei Käse

Für 4 Personen   Vorbereitung: 15 Min.   Garzeit: 30–35 Min.

Zutaten

450 g Penne

120 g Mozzarella, gewürfelt

50 g frisch geriebener Parmesan

Tomatensauce

25 g Butter

2 EL Olivenöl

2 Schalotten, fein gehackt

2 Knoblauchzehen, fein gehackt

1 Selleriestange, fein gehackt

400 g gehackte Tomaten aus
der Dose

2 EL Tomatenmark

brauner Zucker (nach Geschmack)

1 TL getrockneter Oregano

100 ml Wasser

Salz und Pfeffer

Zubereitung

1 Für die Sauce die Butter mit dem Öl in einem Topf erhitzen. Schalotten, Knoblauch und Sellerie darin bei geringer Temperatur 5 Minuten unter Rühren dünsten. Tomaten, Tomatenmark, Zucker nach Geschmack, Oregano und Wasser einrühren, dann mit Salz und Pfeffer würzen. Die Temperatur auf mittlere Hitze erhöhen, die Sauce zum Kochen bringen und bei reduzierter Hitze unter gelegentlichem Rühren 15–20 Minuten köcheln lassen, bis sie eindickt.

2 In der Zwischenzeit leicht gesalzenes Wasser in einem Topf zum Kochen bringen. Die Penne hineingeben und 8–10 Minuten garen, bis sie al dente sind. Abtropfen lassen und wieder in den Topf geben.

3 Sauce und beide Käsesorten zu den Nudeln geben und bei geringer Hitze mischen, bis der Käse geschmolzen ist. In eine vorgewärmte Servierschüssel füllen und sofort servieren.

Bohnen-Tomaten-Suppe mit Toast

Für 4 Personen

Vorbereitung: 15–20 Min. plus Einweichzeit

Garzeit: 1 Std. 35 Min.– 1 Std. 50 Min.

Zutaten

350 g Borlottibohnen, über Nacht eingeweicht

4 EL natives Olivenöl extra, plus etwas mehr zum Beträufeln

25 g Butter

1 große Zwiebel, in dünnen Ringen

15–20 frische Salbeiblätter, in Streifen

2 große Knoblauchzehen, in dünnen Scheiben

1 EL Tomatenmark

800 g gehackte Tomaten aus der Dose

300 ml Gemüsebrühe

4 EL frisch gehackte glatte Petersilie

50 g grob geriebener Parmesan

8 dünne Scheiben Ciabatta, getoastet

Meersalz und Pfeffer

frische kleine Salbeiblätter, zum Garnieren

Zubereitung

1 Die Bohnen abgießen, gut abspülen und in einen großen Topf geben. Mit Wasser bedecken und zum Kochen bringen. 10 Minuten kochen lassen, dann bei reduzierter Hitze 45–60 Minuten garen. Abgießen.

2 Öl und Butter in einem großen Topf bei mittlerer Temperatur erhitzen. Zwiebel und Salbei zufügen und 5 Minuten braten, bis die Zwiebel glasig ist. Den Knoblauch hineingeben. Weitere 2 Minuten braten. Das Tomatenmark zufügen. 1 Minute unter Rühren anrösten.

3 Tomaten, Bohnen und Brühe zugeben und mit Salz und Pfeffer würzen. Aufkochen und dann bei reduzierter Hitze halb abgedeckt 20 Minuten köcheln. Die Petersilie und die Hälfte des Käses in die Suppe geben.

4 Die Suppe auf Teller verteilen und mit je 2 Scheiben Ciabatta belegen. Das Brot mit Öl beträufeln und mit dem restlichen Käse bestreuen. Mit Salbeiblättern garnieren und sofort servieren.

Variation
Mit Borlottibohnen aus der Dose können Sie die Zubereitungszeit verringern.

BESONDERE ANLÄSSE

Pastinakenauflauf mit Ingwerrahm

Für 4 Personen   Vorbereitung: 15 Min.   Garzeit: 45–50 Min.

Zutaten

Butter, zum Einfetten

750 g Pastinaken, in dünnen Scheiben

425 g Sahne

250 ml Gemüsebrühe

1 Knoblauchzehe, zerdrückt

2,5-cm-Stück frische Ingwerwurzel, gerieben

¼ TL frisch gemahlener weißer Pfeffer

1 Prise frisch geriebene Muskatnuss, plus etwas mehr zum Garnieren

Meersalz

Schnittlauchröllchen, zum Garnieren

Zubereitung

1 Eine große Auflaufform einfetten. Die Pastinaken in einem Topf mit Dämpfeinsatz über köchelndem Wasser 3 Minuten dämpfen, bis sie anfangen, weich zu werden. Während des Dämpfens den Einsatz etwas rütteln. Die Pastinaken in die Auflaufform geben und salzen.

2 Den Backofen auf 180 °C vorheizen. Sahne und Brühe langsam in einem Topf erhitzen, Knoblauch und Ingwer einrühren. Nicht aufkochen. Pfeffer, Muskat und Meersalz zugeben.

3 Die Sahnemischung über die Pastinaken gießen. Die Form mit Alufolie abdecken und den Auflauf im vorgeheizten Ofen 20 Minuten backen.

4 Die Folie entfernen und den Auflauf weitere 15–20 Minuten backen, bis die Oberfläche goldbraun ist. Aus dem Ofen nehmen, mit Muskatnuss und Schnittlauchröllchen bestreuen und servieren.

Variation
Wenn Sie eine dünne Schicht frische Semmelbrösel und geriebenen Parmesan auf den Auflauf geben, erhalten Sie eine knusprige Kruste.

Topinambur-
Haselnuss-Gratin

Für 4 Personen | Vorbereitung: 20 Min. plus Abkühlzeit | Garzeit: 45–55 Min.

Zutaten

750 g Topinamburen

1 Spritzer Zitronensaft

4 EL Haselnusskerne ohne Haut, grob gehackt

40 g grobe Semmelbrösel von Ciabattabrot

25 g Butter, plus etwas mehr zum Einfetten

Salz und Pfeffer

gedämpfte grüne Bohnen, zum Servieren

Knoblauchrahm

250 g Sahne

7 große Knoblauchzehen, leicht zerdrückt

1 Streifen Zitronenschale

Saft von 1 Zitrone

Zubereitung

1 Für den Knoblauchrahm Sahne, Knoblauch und Zitronenschale bei mittlerer Temperatur in einem Topf erhitzen. 5 Minuten leicht köcheln, bis die Sahne etwas eingekocht ist. Beiseitestellen und warm halten.

2 Die Topinamburen schälen und in eine Schüssel mit Zitronenwasser geben. Große Knollen halbieren. In einem Topf mit Dämpfeinsatz über köchelndem Wasser 8–10 Minuten dämpfen, bis die Ränder weich sind. Abkühlen lassen, dann in Scheiben schneiden.

3 Den Knoblauchrahm durch ein Sieb in einen Krug gießen. Den Zitronensaft zugießen und mit Salz und Pfeffer abschmecken.

4 Den Backofen auf 190 °C vorheizen. Eine Auflaufform (2 l Inhalt) einfetten. Die Hälfte der Topinamburscheiben auf den Boden legen. Salzen und pfeffern. Mit den Nüssen bestreuen und mit den restlichen Topinamburscheiben belegen.

5 Den Knoblauchrahm darübergießen. Mit den Semmelbröseln bestreuen und die Butter in Flocken daraufsetzen.

6 30–35 Minuten im Ofen backen, bis die Topinamburen weich sind und die Oberfläche goldgelb ist. Heiß mit grünen Bohnen servieren.

Gebackene Gnocchi mit Tomatensauce

Für 4 Personen

Vorbereitung: 25 Min. plus Kühlzeit

Garzeit: 1 Std. 5 Min.– 1 Std. 15 Min.

Zutaten

4 Eigelb

2 TL Zucker

50 g Mehl

2 EL Speisestärke

1 Prise Salz

50 g Butter, zerlassen, plus etwas mehr zum Einfetten

120 g frisch geriebener Parmesan

425 ml Milch

Tomatensauce

25 g Butter

2 EL Olivenöl

1 Zwiebel, fein gehackt

2 Knoblauchzehen, fein gehackt

1 Selleriestange, fein gehackt

800 g gehackte Tomaten aus der Dose

2 EL Tomatenmark

brauner Zucker (nach Geschmack)

1 EL trockener Wermut

1 EL frisch gehackte glatte Petersilie, plus etwas mehr zum Garnieren

5 EL Wasser

Salz und Pfeffer

Zubereitung

1 Für die Gnocchi Eigelb und Zucker in einem Topf schaumig aufschlagen, bis die Masse blassgelb ist. Mehl, Speisestärke und Salz in eine Schüssel sieben, dann nach und nach unter die Eimasse rühren. Zerlassene Butter und 80 g Parmesan unterrühren. Den Teig im Topf bei mittlerer Temperatur erhitzen und nach und nach die Milch unterrühren. 3–4 Minuten unter Rühren köcheln, bis die Masse andickt. Vom Herd nehmen. Ein Backblech mit kaltem Wasser abspülen. Die Masse auf dem Blech 1 cm dick verstreichen, glätten und 30 Minuten in den Kühlschrank stellen.

2 Für die Sauce die Butter mit dem Öl in einem Topf erhitzen. Zwiebel, Knoblauch und Sellerie darin bei geringer Temperatur 5 Minuten unter Rühren dünsten, bis sie weich sind. Tomaten, Tomatenmark, Zucker, Wermut, Petersilie und Wasser einrühren, dann mit Salz und Pfeffer würzen. Die Temperatur auf mittlere Hitze erhöhen, die Sauce zum Kochen bringen und bei reduzierter Hitze unter gelegentlichem Rühren 25–30 Minuten köcheln lassen, bis sie eindickt.

3 Den Backofen auf 190 °C vorheizen. Eine Auflaufform mit Butter einfetten. Den Teig in Quadrate von 3–4 cm Seitenlänge schneiden und leicht überlappend in die Form geben. 15 Minuten im Ofen backen. Mit der Sauce übergießen und weitere 5–10 Minuten im Ofen backen, bis alles heiß ist. Mit dem verbliebenen Parmesan bestreuen, mit Petersilie garnieren und sofort servieren.

Sahnemorcheln auf Spinat-Polenta-Scheiben

Für 4–6 Personen　　**Vorbereitung: 25 Min. plus Abkühlzeit**　　**Garzeit: 20–25 Min.**

Zutaten

6 Handvoll frische Morcheln

3 EL Olivenöl

4 Schalotten, fein gehackt

2 Knoblauchzehen, zerdrückt

100 ml Marsala

200 g Sahne

2 EL grober Senf

1 kleines Bund Estragon, fein gehackt, plus etwas mehr zum Garnieren

Salz und Pfeffer

Polenta-Scheiben

1 l Gemüsebrühe

250 g Instant-Polenta

Olivenöl, zum Bestreichen

100 g frisch geriebener Parmesan

2 Handvoll Babyspinat, zerzupft

2 TL grob zerstoßene schwarze Pfefferkörner

100 g weiche Butter

Salz und Pfeffer

Zubereitung

1　Für die Polenta-Scheiben die Brühe in einem großen Topf aufkochen. Die Polenta in einem steten Strahl einrieseln lassen und kräftig mit einem Schneebesen unterrühren. Nach Packungsangabe weitergaren. Eine Auflaufform leicht einfetten.

2　Mit einem Holzlöffel Käse, Spinat, Pfefferkörner und die Hälfte der Butter unter die Polenta rühren. Abschmecken und bei Bedarf nachwürzen.

3　Die Polenta in die vorbereitete Form geben, mit einem Palettenmesser glatt streichen und abkühlen lassen. Wenn die Polenta fest geworden ist, mit einem runden Ausstecher (10 cm Ø) 4–6 Portionen daraus ausstechen.

4　Die Morcheln halbieren und vorsichtig waschen. Mit Küchenpapier trocken tupfen. Das Öl in einem Topf bei mittlerer Temperatur erhitzen. Schalotten und Knoblauch darin 3–4 Minuten dünsten, bis die Schalotten glasig sind.

5　Die Morcheln zufügen und unter Rühren 2 Minuten braten. Mit dem Marsala ablöschen, kurz aufkochen lassen, dann Sahne, Senf und Estragon hineingeben. Mit Salz und Pfeffer abschmecken und warm halten.

6 Die verbliebene Butter in einer Pfanne auf hoher Stufe erhitzen und die Polenta-Scheiben darin 3–4 Minuten auf jeder Seite braten, bis sie goldbraun und knusprig sind. Die Polenta-Scheiben mit den Sahnemorcheln anrichten, mit Estragon garnieren und sofort servieren.

Nussbraten mit Cranberry-Rotwein-Sauce

Für 4 Personen   Vorbereitung: 20 Min.   Garzeit: 35 Min.

Zutaten

25 g Butter, plus etwas mehr zum Einfetten

2 Knoblauchzehen, gehackt

1 große Zwiebel, gehackt

50 g Pinienkerne, geröstet

75 g Haselnüsse, geröstet

50 g gemahlene Walnusskerne

50 g gemahlene Cashewkerne

100 g Vollkornsemmelbrösel

1 Ei, leicht verquirlt

2 EL frisch gehackter Thymian

250 ml Gemüsebrühe

Salz und Pfeffer

frische Thymianblätter, zum Garnieren

Cranberry-Rotwein-Sauce

175 g frische Cranberrys

100 g Zucker

300 ml Rotwein

1 Zimtstange

Zubereitung

1 Den Backofen auf 180 °C vorheizen. Eine Kastenform (450 g Inhalt) einfetten und mit Backpapier auslegen.

2 Die Butter in einem Topf bei mittlerer Temperatur zerlassen. Knoblauch und Zwiebel darin 3 Minuten unter Rühren braten. Vom Herd nehmen.

3 Pinienkerne und Haselnüsse in einem Mörser zerstoßen. Mit Walnüssen, Cashewkernen, Semmelbröseln, Ei, Thymian, Brühe sowie Salz und Pfeffer in den Topf geben. Alles verrühren.

4 Die Masse in die vorbereitete Form füllen und glatt streichen. 30 Minuten im vorgeheizten Ofen backen, bis der Nussbraten goldgelb und gar ist. Einen Spieß in die Mitte des Bratens stechen. Bleibt er sauber, ist der Braten gar.

5 Nach der Hälfte der Backzeit die Sauce zubereiten. Hierzu alle Zutaten in einem Topf zum Kochen bringen. Die Hitze reduzieren. 15 Minuten unter gelegentlichem Rühren köcheln.

6 Den Nussbraten aus dem Ofen nehmen, aus der Form lösen und auf einen Servierteller geben. Den Braten in Scheiben schneiden, mit Thymianblättern garnieren und mit der Cranberry-Rotwein-Sauce servieren.

Tarte Tatin mit Karotten

Für 4 Personen   Vorbereitung: 20 Min.   Garzeit: 40–50 Min.

Zutaten

600 g junge Karotten, in 2,5 cm großen Stücken

2 EL flüssiger Honig

25 g Butter

1 kleines Bund frischer Thymian, gehackt

350 g Blätterteig, Tiefkühlware aufgetaut

Mehl, zum Bestäuben

Salz und Pfeffer

Zubereitung

1 Leicht gesalzenes Wasser in einem großen Topf zum Kochen bringen. Die Karotten hineingeben, das Wasser erneut aufkochen und die Karotten 10–15 Minuten garen, bis sie gerade weich sind. Abgießen, Honig, Butter und Thymian unterrühren und alles mit Salz und Pfeffer abschmecken.

2 Den Backofen auf 200 °C vorheizen. Die Karotten in eine Kuchenform mit 20 cm Ø und 3 cm Tiefe geben. 15 Minuten im vorgeheizten Ofen backen, bis die Karotten karamellisiert sind. Die Form aus dem Ofen nehmen, aber diesen nicht ausschalten.

3 Den Blätterteig auf einer bemehlten Arbeitsfläche so ausrollen, dass er 2 cm größer als die Kuchenform ist. Die Teigplatte vorsichtig über die Karotten legen und den Teigrand zwischen Karotten und Formrand stecken. Die Tarte 15 Minuten im Ofen backen, bis der Teig goldbraun ist.

4 Die Tarte aus dem Ofen nehmen und auf eine Servierplatte stürzen. In Stücke schneiden und servieren.

Minikürbisse mit Frikeh-Füllung

Für 4 Personen   Vorbereitung: 25–30 Min.   Garzeit: 1 Std. 10 Min.–
                                                          1 Std. 15 Min.

Zutaten

120 g Frikeh oder grober Bulgur,
abgespült

350 ml Wasser

1½ EL Tomatenmark

4 runde Minikürbisse, ca. 10 cm Ø

3 EL Olivenöl, plus etwas mehr zum
Einfetten und Beträufeln

1 Zwiebel, fein gehackt

2 Knoblauchzehen, fein gehackt

40 g Walnusskerne, grob gehackt

80 g schwarze Bohnen aus der Dose,
abgespült und abgetropft

4 EL frisch gehackte glatte Petersilie

120 g Halloumikäse, in Scheiben

Salz und Pfeffer

Zubereitung

1 Den Frikeh mit Wasser, Tomatenmark und ½ Teelöffel Salz in einen Topf geben. Zum Kochen bringen, abdecken und 25 Minuten köcheln lassen, dann abgießen und beiseitestellen.

2 Den Backofen auf 200 °C vorheizen. Einen Bräter einfetten. Von jedem Kürbis das obere Drittel abschneiden und die Kerne herausschaben.

3 Das Öl in einer Pfanne erhitzen und die Zwiebel darin bei mittlerer Temperatur 3 Minuten braten. Knoblauch, Walnüsse und Bohnen zugeben und alles weitere 2 Minuten braten. In eine Schüssel umfüllen. Gegarten Frikeh und Petersilie unterrühren und mit Salz und Pfeffer abschmecken. Die Mischung in die Kürbisse füllen und gut andrücken.

4 Die Kürbisse in den vorbereiteten Bräter setzen. Mit einer dicken Lage Alufolie abdecken, sorgfältig verschließen und im vorgeheizten Ofen 30 Minuten garen. Aus dem Ofen nehmen und die Temperatur auf 220 °C erhöhen.

5 Die Halloumischeiben auf die Kürbisse legen und mit etwas Öl beträufeln. Wieder in den Ofen schieben und ohne Abdeckung weitere 5–8 Minuten backen, bis der Käse hellbraun ist. Sofort servieren.

Gratin mit Mais, Chili & Tortilla

Für 4–6 Personen   Vorbereitung: 30 Min.   Garzeit: 1 Std. 10 Min.–
                                                        1 Std. 15 Min.

Zutaten

Erdnussöl, zum Einfetten und Braten

6 Maiskolben mit Blättern

2 grüne Paprika

2–3 grüne Chilis

6 Maistortillas, in 2,5 cm langen Streifen

225 g frisch geriebener Emmentaler

2 EL frisch gehackter Koriander, zum Garnieren

Tomatensauce

8–10 Strauchtomaten

1 Zwiebel, in dicken Ringen

3 Knoblauchzehen

Meersalz und Pfeffer

Zubereitung

1 Den Backofengrill vorheizen. Eine Auflaufform (2 l Inhalt) einfetten.

2 Den Mais unter dem vorgeheizten Grill 10 Minuten garen und dabei mehrmals wenden. Die Blätter entfernen, die Maiskörner abschneiden und beiseitelegen.

3 Paprika und Chilis grillen, bis sie schwarz sind. Dann häuten und entkernen. Das Fruchtfleisch fein hacken und beiseitestellen.

4 Für die Tomatensauce Tomaten, Zwiebel und Knoblauch unter dem heißen Grill rösten. Die Stielansätze aus den Tomaten schneiden, aber die Tomaten nicht häuten. In einer Küchenmaschine alles zu einem groben Püree verarbeiten.

5 2 Esslöffel Öl in einer Pfanne erhitzen und das Tomatenpüree darin 10 Minuten einkochen. Mit Salz und Pfeffer würzen und in eine große Schüssel füllen.

6 Eine Pfanne etwa 5 mm hoch mit Öl füllen und bei mittlerer bis hoher Temperatur erhitzen. Die Tortillastreifen portionsweise 2–3 Minuten frittieren. Auf Küchenpapier abtropfen lassen, dann unter das Tomatenpüree rühren.

7 Den Backofen auf 190 °C vorheizen. Ein Drittel der Tortillamischung in die vorbereitete Form geben. Mit je der Hälfte von der Paprikamischung und dem Mais und einem Drittel des Käses bestreuen. Mit Salz und Pfeffer würzen.

8 Ein weiteres Drittel der Tortillamischung, den Rest von Mais und Paprika und die Hälfte des verbliebenen Käses darüberschichten. Nochmals würzen, mit der restlichen Tortillamischung belegen und mit dem Käse bestreuen. 30 Minuten im Ofen backen, bis der Käse goldbraun ist. Mit dem Koriander bestreuen und heiß servieren.

Fenchelrisotto mit Wodka

Für 4–5 Personen   Vorbereitung: 20 Min.   Garzeit: 30–35 Min.
plus Ruhezeit

Zutaten

2 große Fenchelknollen
2 EL Pflanzenöl
80 g Butter
1 große Zwiebel, fein gehackt
350 g Risottoreis
150 ml Wodka oder Zitronenwodka
1,3 l heiße Gemüsebrühe
50 g frisch geriebener Parmesan
5–6 EL Zitronensaft

Zubereitung

1 Den Fenchel putzen und das Grün zum Garnieren beiseitelegen. Die Knolle längs halbieren, den v-förmigen Strunk herausschneiden und das Fruchtfleisch hacken.

2 Das Öl und die Hälfte der Butter in einem Topf auf mittlerer Stufe erhitzen. Zwiebel und Fenchel darin 2 Minuten unter häufigem Rühren braten, bis sie weich sind.

3 Den Reis zugeben und etwa 2 Minuten unter häufigem Rühren garen, bis er glasig geworden ist.

4 Mit dem Wodka ablöschen und den Alkohol verdampfen lassen. Eine Schöpfkelle mit heißer Brühe zugeben und unter ständigem Rühren köcheln lassen, bis die Brühe komplett vom Reis aufgesogen ist.

5 Dann immer wieder eine halbe Kelle Brühe zugießen und unter Rühren aufsaugen lassen, bis die gesamte Flüssigkeit vom Reis aufgenommen wurde und dieser eine cremige Konsistenz angenommen hat. Den Risotto so 20–25 Minuten kochen.

6 Verbliebene Butter, geriebenen Käse und Zitronensaft unterrühren. Vom Herd nehmen, abdecken und 1 Minute ruhen lassen.

7 Mit Fenchelgrün garnieren und sofort servieren.

Wildpilzrisotto

Für 6 Personen | **Vorbereitung: 20 Min.** plus Einweichzeit | **Garzeit: 30–35 Min.**

Zutaten

50 g getrocknete Steinpilze oder Morcheln

4 EL natives Olivenöl extra

500 g gemischte frische Wildpilze, z. B. Steinpilze, Wiesenchampignons und Pfifferlinge, geputzt und große Exemplare halbiert

3–4 Knoblauchzehen, fein gehackt

50 g Butter

1 Zwiebel, fein gehackt

350 g Risottoreis

50 ml trockener weißer Wermut

1,2 l heiße Gemüsebrühe

120 g frisch geriebener Parmesan

4 EL frisch gehackte glatte Petersilie

Salz und Pfeffer

Zubereitung

1 Die getrockneten Pilze in eine Schale geben und mit kochendem Wasser übergießen. 30 Minuten ziehen lassen, herausnehmen und abtropfen. Das Einweichwasser durch ein mit Küchenpapier ausgelegtes Sieb seihen. Beiseitestellen.

2 In einer großen Pfanne 3 Esslöffel Öl erhitzen. Die frischen Pilze darin 1–2 Minuten unter Rühren braten. Knoblauch und eingeweichte Pilze zufügen. Weitere 2 Minuten pfannenrühren, dann auf einen Teller geben und beiseitestellen.

3 Die Hälfte der Butter mit dem restlichen Öl in einem großen, schweren Topf erhitzen. Die Zwiebel darin bei mittlerer Hitze unter gelegentlichem Rühren 2 Minuten dünsten, bis sie weich ist. Die Hitze reduzieren, den Reis zugeben und unter Rühren 2–3 Minuten garen, bis er glasig wird. Den Wermut zugießen und 1 Minute kochen, bis er stark reduziert ist.

4 Die Brühe kellenweise zugeben, dabei ständig rühren und weitere Brühe zugießen, sobald der Reis die Flüssigkeit aufgesogen hat. Garen, bis der Reis eine cremig Konsistenz hat. Die Hälfte des Einweichwassers sowie alle Pilze in den Topf geben und mit Salz und Pfeffer würzen. Gegebenenfalls mehr Einweichwasser zufügen. Vom Herd nehmen, restliche Butter, Parmesan und Petersilie einrühren und den Risotto sofort servieren.

Mangoldpastete mit Ricotta

Für 9 Personen   Vorbereitung: 35 Min.   Garzeit: 45–50 Min.

Zutaten

900 g verschiedenfarbige Mangoldblätter

50 g Butter

2 Porreestangen, in Ringen

2 Knoblauchzehen, in dünnen Scheiben

3 EL frisch gehackte gemischte Kräuter, z.B. Thymian, Majoran und glatte Petersilie

400 g Ricotta

50 g frisch geriebener Parmesan

1 Prise frisch geriebene Muskatnuss

2 Eier, verquirlt

Olivenöl, zum Bestreichen

12 große Filo-Teigblätter

50 g Pinienkerne

Meersalz und Pfeffer

Zubereitung

1 Die Mangoldstiele in Scheiben und die Blätter in dünne Streifen schneiden.

2 Die Butter in einer großen Pfanne auf mittlerer Stufe erhitzen. Porree und Mangoldstiele zufügen und 5–7 Minuten braten.

3 Mangoldblätter, Knoblauch und Kräuter zufügen. Abdecken und dünsten, bis die Blätter gar sind. Das Gemüse in ein Sieb geben und abtropfen.

4 Ricotta, Parmesan, Muskat und Eier in einer großen Schüssel verrühren. Das abgetropfte Gemüse unterrühren. Mit Salz und Pfeffer würzen.

5 Den Backofen auf 190 °C vorheizen. Eine eingefettete Auflaufform (23 cm × 30 cm) mit 1 Blatt Filoteig auslegen. Mit Öl bestreichen und mit ein paar Pinienkernen bestreuen. 5 weitere Blätter auflegen und jedes leicht mit Öl bestreichen und mit Pinienkernen bestreuen.

6 Die Mangoldmischung darauf verteilen. Mit 5 weiteren Blättern abdecken und jedes leicht mit Öl bestreichen und mit Pinienkernen bestreuen. 1 abschließendes Blatt darauflegen und mit Öl bestreichen.

7 Mit einem scharfen Messer den Teig so einschneiden, dass Quadrate mit 7,5 cm Seitenlänge entstehen. Im vorgeheizten Ofen 35–40 Minuten backen, bis die Pastete goldgelb und knusprig ist. Heiß oder zimmerwarm servieren.

Pilz-Walnuss-Tarte

Für 4 Personen · Vorbereitung: 20 Min. · Garzeit: 30–40 Min.

Zutaten

1 EL Olivenöl

1 EL Butter

1 rote Zwiebel, in Ringen

1 Knoblauchzehe, zerdrückt

500 g braune Champignons, in Scheiben

80 g Walnusskerne, gehackt

2 EL frisch gehackte glatte Petersilie, plus etwas mehr zum Garnieren

500 g ungesüßter Mürbeteig (Fertigprodukt)

Mehl, zum Bestäuben

1 Ei, verquirlt, zum Bestreichen

Salz und Pfeffer

Zubereitung

1 Den Backofen auf 200 °C vorheizen. Das Öl mit der Butter in einer großen Pfanne erhitzen. Die Zwiebel darin 2–3 Minuten unter Rühren dünsten, bis sie weich ist, aber nicht bräunen.

2 Knoblauch und Pilze zugeben und 3–4 Minuten unter Rühren dünsten, bis sie weich sind. Weitergaren, bis die Flüssigkeit verkocht ist. Die Pfanne vom Herd nehmen, Walnüsse und Petersilie unterrühren und mit Salz und Pfeffer würzen.

3 Den Teig auf einer leicht bemehlten Arbeitsfläche zu einem 35 cm großen Kreis ausrollen und auf ein mit Backpapier belegtes Backblech heben. Die Pilzmischung darauf verteilen. Dabei rundum einen 9 cm breiten Rand lassen.

4 Den Teigrand einschlagen und mit dem Ei bestreichen.

5 Die Tarte im vorgeheizten Ofen 25–30 Minuten backen, bis sie goldbraun ist. Mit Petersilie bestreuen und warm servieren.

Kürbis mit Käsecreme

Für 4–6 Personen   Vorbereitung: 20–25 Min.   Garzeit: 1 Std. 15 Min.

Zutaten

1 großer Hokkaido-Kürbis

300 g Sahne

3 Knoblauchzehen, in feinen Scheiben

1 EL frische Thymianblätter

125 g frisch geriebener Gruyère

Salz und Pfeffer

knuspriges Brot, zum Servieren

Zubereitung

1 Den Backofen auf 180 °C vorheizen.

2 Das obere Viertel des Kürbisses abtrennen, sodass ein Deckel entsteht. Die Kerne herauslösen. Den Kürbis in eine große, hohe Bratform setzen. Sahne und Knoblauch in einem Topf bis knapp unter den Siedepunkt erhitzen. Den Topf vom Herd nehmen. Die Knoblauchsahne mit Salz und Pfeffer würzen und den Thymian zufügen. Die Mischung in den Kürbis gießen und den Kürbisdeckel daraufsetzen.

3 Im vorgeheizten Ofen 1 Stunde backen, bis das Kürbisfleisch weich ist. (Die exakte Garzeit richtet sich nach der Größe des Kürbisses.) Der Kürbis sollte jedoch keinesfalls zu weich werden, sonst fällt er zusammen. Aus dem Ofen nehmen, den Deckel abnehmen und die Sahne mit dem Käse bestreuen. Weitere 10 Minuten im Ofen überbacken.

4 Das Kürbisfleisch mit der Käsecreme und frischem Brot servieren.

Gefüllte Auberginen

Für 2 Personen   Vorbereitung: 25 Min.   Garzeit: 40–45 Min.
                     plus Abkühlzeit

Zutaten

2 Auberginen (insgesamt ca. 950 g)

1 EL Olivenöl

1 kleine Zwiebel, gewürfelt

2 Knoblauchzehen, fein gehackt

125 g Quinoa, abgespült

350 ml Gemüsebrühe

1 TL Salz

1 Prise Pfeffer

2 EL Mandelblättchen, geröstet

3 EL frisch gehackte Minze

80 g Feta, zerkrümelt

Zubereitung

1 Den Backofen auf 230 °C vorheizen. Die Auberginen auf ein Backblech legen und im vorgeheizten Ofen 15 Minuten backen, bis sie weich sind. Aus dem Ofen nehmen und etwas abkühlen lassen.

2 Inzwischen das Öl in einer großen Pfanne bei mittlerer bis hoher Temperatur erhitzen. Zwiebel und Knoblauch darin unter gelegentlichem Rühren 5 Minuten dünsten, bis die Zwiebel glasig ist. Quinoa, Brühe, Salz und Pfeffer zufügen.

3 Die Auberginen längs halbieren und das Fruchtfleisch herausschaben, dabei eine 5 mm dicke Wand stehen lassen, damit die Schalen ihre Form behalten.

4 Das Auberginenfleisch hacken und unter die Quinoamischung in der Pfanne rühren. Auf niedrige bis mittlere Temperatur umschalten und die Gemüsemischung etwa 15 Minuten garen, bis die Quinoa weich ist. Vom Herd nehmen. Mandelblättchen, 2 Esslöffel Minze und die Hälfte des Käses unterrühren.

5 Die Quinoamischung gleichmäßig auf die Auberginenhälften verteilen und den restlichen Käse daraufgeben. 10–15 Minuten überbacken, bis der Käse etwas gebräunt ist. Mit der restlichen Minze garnieren und servieren.

Kürbis & Sellerie in Balsamico

Für 2–3 Personen   Vorbereitung: 20 Min.   Garzeit: 30 Min.

Zutaten

1 kg fester Kürbis, z.B. Kabocha oder Hokkaido

½ Sellerieknolle, geschält

5 EL Rapsöl

1 EL reifer Balsamico

1 TL Koriandersamen, zerstoßen

1 TL frische Thymianblätter

25 g Butter

Meersalzflocken und Pfeffer

gedämpfter Brokkoli oder Spitzkohl, zum Servieren

Zubereitung

1 Den Backofen auf 200 °C vorheizen. Den Kürbis vierteln und die Kerne herauskratzen. Jedes Viertel in zwei Stücke schneiden. Den Sellerie vierteln und in Stücke schneiden, die kleiner als die Kürbisstücke sind.

2 Öl, Essig, Koriandersamen und Thymian mit 1 guten Prise Salz und etwas Pfeffer in einer großen Schüssel verrühren. Kürbis und Sellerie darin wenden, bis sie gut von der Marinade überzogen sind.

3 Das Gemüse in einer Schicht in eine große Auflaufform geben. Mit Butterflöckchen belegen.

4 Das Gemüse 30 Minuten im vorgeheizten Ofen backen, bis es gar und leicht gebräunt ist. Dabei alle 10 Minuten wenden.

5 Sofort mit gedämpftem Brokkoli oder Spitzkohl servieren.

Marokkanischer Gemüseeintopf

Für 4 Personen   Vorbereitung: 20–25 Min.   Garzeit: 50 Min.

Zutaten

425 g Kichererbsen aus der Dose

4 Tomaten, gehäutet und entkernt

700 ml Gemüsebrühe

1 Zwiebel, in Ringen

2 Karotten, in Scheiben

1 EL frisch gehackter Koriander

175 g Zucchini, in Scheiben

1 kleine weiße Rübe, gewürfelt

½ TL gemahlene Kurkuma

¼ TL Ingwerpulver

¼ TL Zimt

225 g Couscous

Salz

frische Korianderstängel,
zum Garnieren

Zubereitung

1 Die Kichererbsen abgießen, unter fließend kaltem Wasser abspülen und beiseitestellen. Die Tomaten grob hacken und die Hälfte beiseitestellen. Die andere Hälfte im Mixer glatt pürieren und dann in einen großen Topf geben. 400 ml Brühe zugießen und aufkochen, dann die Hitze reduzieren und Zwiebel, Karotten, Koriander und Salz zugeben. Unter gelegentlichem Rühren alles 10 Minuten köcheln.

2 Zucchini, Rübe, Kurkuma, Ingwerpulver und Zimt unterrühren, dann den Topf halb abdecken und alles 30 Minuten köcheln. Danach die Kichererbsen einrühren und alles erneut einige Minuten köcheln lassen.

3 Inzwischen die restliche Brühe in einem Topf aufkochen. 1 Prise Salz einstreuen, dann den Couscous unter Rühren zugeben. Den Topf vom Herd nehmen, abdecken und den Couscous 5 Minuten quellen lassen. Mit einer Gabel auflockern und auf Teller verteilen. Das Gemüse mit der Brühe darübergeben, mit Korianderstängeln garnieren und sofort servieren.

Kartoffelgnocchi mit Walnusspesto

Für 4 Personen   Vorbereitung: 30 Min.   Garzeit: 44–45 Min.
                        plus Abkühlzeit

Zutaten

450 g mehligkochende Kartoffeln, abgebürstet

50 g frisch geriebener Parmesan

1 Ei, verquirlt

200 g Mehl, plus etwas mehr zum Bestäuben

Salz und Pfeffer

Walnusspesto

40 g frisch gehackte glatte Petersilie

2 EL Kapern, abgespült und gehackt

2 Knoblauchzehen, gehackt

175 ml natives Olivenöl extra

70 g gehackte Walnusskerne

40 g frisch geriebener Parmesan

Salz und Pfeffer

Zubereitung

1 Leicht gesalzenes Wasser in einem großen Topf zum Kochen bringen. Die ungeschälten Kartoffeln hineingeben, das Wasser erneut aufkochen und 30–35 Minuten köcheln lassen, bis die Kartoffeln gar sind. Abgießen und leicht abkühlen lassen.

2 Inzwischen für den Pesto Petersilie, Kapern, Knoblauch, Öl und Walnüsse in einen Mörser geben. Zu einer groben Paste zerstoßen und mit Salz und Pfeffer abschmecken. Den Käse untermischen.

3 Die leicht abgekühlten Kartoffeln pellen und durch ein Sieb oder eine Kartoffelpresse in eine große Schüssel pressen. Noch heiß mit Salz und Pfeffer abschmecken und den Käse einrühren.

4 Das Ei einrühren und das Mehl darübersieben. Alles leicht verrühren, dann den Teig auf die bemehlte Arbeitsfläche geben. Zu einem weichen Teig verkneten. Sollte er zu klebrig sein, mehr Mehl zufügen.

5 Den Teig zu einer langen Rolle formen.

6 Die Rolle in 2,5 cm dicke Scheiben schneiden und jede Scheibe mit einer Gabel leicht eindrücken, um die klassischen Riffel der Gnocchi zu erhalten. Die Stücke auf ein bemehltes Backblech legen und mit einem sauberen Küchentuch abdecken.

7 Salzwasser in einem großen Topf zum Kochen bringen. Die Gnocchi in kleinen Portionen darin 1–2 Minuten ziehen lassen, bis sie an die Oberfläche steigen und gar sind.

8 Mit einem Schaumlöffel herausheben und auf einem Teller im Ofen warm halten, bis alle Gnocchi fertig gekocht sind. Die Gnocchi auf vorgewärmten Tellern mit 1 Esslöffel Pesto servieren.

Sprossenbrokkoli mit Kapernbutter

Für 4 Personen   Vorbereitung: 25 Min.   Garzeit: 20 Min.

Zutaten

700 g Sprossenbrokkoli

3 EL natives Olivenöl extra

3 Schalotten, in dünnen Ringen

2 große Knoblauchzehen, in dünnen Scheiben

1 Prise Chiliflocken

3 EL Pinienkerne, geröstet

50 g Butter

2 TL Kapern, abgespült

4 EL Schnittlauchröllchen

25 g frisch gehobelter Parmesan

Meersalz und Pfeffer

gekochte Nudeln, zum Servieren

Zubereitung

1 Die Brokkoliröschen abschneiden. Große Exemplare längs halbieren. Blätter und Stiele in 2 cm lange Stücke schneiden und 2 Minuten in einem Topf mit Dämpfeinsatz über köchelndem Wasser dämpfen. Vom Herd nehmen. Das Kochwasser aufbewahren.

2 Das Öl in einer Pfanne auf kleiner bis mittlerer Stufe erhitzen. Die Schalotten darin 5 Minuten dünsten. Den Knoblauch zufügen und 2–3 Minuten garen, bis er Farbe angenommen hat.

3 Auf mittlere Stufe erhöhen und den Brokkoli zugeben. Die Chiliflocken einstreuen und mit Salz und Pfeffer würzen. 3–4 Esslöffel des Kochwassers zufügen. Unter Rühren 4–6 Minuten garen, bis der Brokkoli gerade durch und leuchtend grün ist.

4 Die Pinienkerne unterrühren. Erneut abschmecken. In eine Servierschüssel füllen und warm halten. Eine Pfanne auf hoher Stufe erhitzen. Die Butter zugeben und goldgelb werden lassen. Vom Herd nehmen. Die Kapern und die Hälfte des Schnittlauchs unterrühren.

5 Den Brokkoli mit der Butter übergießen. Mit dem Käse und dem verbliebenen Schnittlauch bestreuen. Sofort mit Nudeln servieren.

Kürbis-Maronen-Risotto

Für 4 Personen   **Vorbereitung: 20 Min.**   **Garzeit: 35–40 Min.**

Zutaten

1 EL Olivenöl

40 g Butter

1 kleine Zwiebel, fein gehackt

225 g Kürbis, gewürfelt

225 g Maronen, gegart und geschält

280 g Risottoreis

150 ml trockener Weißwein

1 TL zerkrümelte Safranfäden (nach Belieben), in 4 EL Brühe eingeweicht

1 l köchelnde Gemüsebrühe

80 g frisch geriebener Parmesan, plus etwas mehr zum Servieren

Salz und Pfeffer

Zubereitung

1 Das Öl mit 25 g Butter in einem tiefen Topf bei mittlerer Temperatur erhitzen, bis die Butter zerlassen ist. Zwiebel und Kürbis darin unter gelegentlichem Rühren 5 Minuten braten, bis die Zwiebel weich ist und sich langsam goldgelb verfärbt und der Kürbis beginnt, Farbe anzunehmen.

2 Die Maronen grob hacken und zufügen. Alles gut vermengen.

3 Die Hitze reduzieren, den Reis zugeben und gut in Öl und Butter wenden. Unter ständigem Rühren 2–3 Minuten garen, bis die Reiskörner glasig geworden sind. Mit dem Wein ablöschen. Weiterrühren und etwa 1 Minute garen, bis die Flüssigkeit aufgesogen ist.

4 Die Safranbrühe zum Reis geben und rühren, bis der Reis die Flüssigkeit aufgesogen hat.

5 Nun nach und nach immer wieder Brühe zugießen, sobald der Reis die Brühe aufgesogen hat. Dabei ständig rühren. Auf mittlere Hitze erhöhen und köcheln lassen. 20 Minuten unter ständigem Rühren garen, bis der Reis eine cremige Konsistenz hat. Mit Salz und Pfeffer würzen.

6 Den Risotto vom Herd nehmen und die verbliebene Butter unterziehen. Gut umrühren, dann den Parmesan unterrühren, bis er geschmolzen ist. Abschmecken und bei Bedarf nachwürzen. Den Risotto auf vier vorgewärmte Servierteller verteilen und sofort mit geriebenem Käse bestreut servieren.

Tomatensoufflé

Für 4 Personen

Vorbereitung: 20–25 Min. plus Abkühlzeit

Garzeit: 1 Std.– 1 Std. 10 Min.

Zutaten

350 g Kartoffeln, gewürfelt

1 EL Olivenöl, plus etwas mehr zum Bestreichen

Mehl, zum Bestäuben

1 Fleischtomate, gehäutet, entkernt und gewürfelt

1 Eigelb

5 Eiweiß

Salz und Pfeffer

Tomatensauce

25 g Butter

2 EL Olivenöl

1 Zwiebel, fein gehackt

2 Knoblauchzehen, fein gehackt

1 Selleriestange, fein gehackt

400 g gehackte Tomaten aus der Dose

2 EL Tomatenmark

brauner Zucker (nach Geschmack)

1 TL frisch gehackter Ingwer

1 Lorbeerblatt

100 ml Wasser

Salz und Pfeffer

Zubereitung

1 Für die Sauce die Butter mit dem Öl in einem Topf erhitzen. Zwiebel, Knoblauch und Sellerie darin bei geringer Temperatur 5 Minuten unter Rühren garen, bis sie weich sind. Tomaten, Tomatenmark, Zucker nach Geschmack, Ingwer, Lorbeerblatt und Wasser einrühren, dann mit Salz und Pfeffer würzen. Auf mittlere Hitze erhöhen, die Sauce zum Kochen bringen und dann bei reduzierter Hitze unter gelegentlichem Rühren 15–20 Minuten köcheln lassen, bis die Sauce eindickt.

2 Leicht gesalzenes Wasser in einem großen Topf zum Kochen bringen und die Kartoffeln darin 20–25 Minuten garen, bis sie bissfest sind. Gut abtropfen und beiseitestellen.

3 Den Backofen auf 230 °C vorheizen. Eine Soufflé-Form (1,5 l Inhalt) mit Öl einfetten und mit Mehl bestreuen. Überschüssiges Mehl ausschütten. Die Sauce vom Herd nehmen und leicht abkühlen lassen. Das Lorbeerblatt entfernen und wegwerfen. Die Sauce mit den Kartoffeln in einer Küchenmaschine fein pürieren, in eine Schüssel füllen und mit gewürfelter Tomate, Eigelb und Öl verrühren. Abschmecken und bei Bedarf mehr Salz und Pfeffer zufügen.

4 Das Eiweiß in einer fettfreien Schüssel steif schlagen. Ein Viertel des Eischnees unter die Tomatenmasse rühren, dann den Rest vorsichtig unterheben. In die vorbereitete Soufflé-Form geben und 35–40 Minuten im Ofen backen, bis das Soufflé aufgegangen und goldbraun ist. Sofort servieren.

Rotkohlauflauf mit Pilzen, Nüssen & Reis

Für 4–6 Personen　　Vorbereitung: 25–30 Min.　　Garzeit: 1 Std. 25 Min.–
1 Std. 30 Min.

Zutaten

1 großer Rotkohl

Saft von 2 Zitronen

3 EL Olivenöl

50 g Butter, plus etwas mehr zum
Einfetten

1 Zwiebel, gehackt

150 g Champignons, gehackt

175 g gemischte Nüsse, gehackt

3 Knoblauchzehen, fein gehackt

2 EL frisch gehackter Oregano

120 g gegarter Camargue-Reis

300 ml Gemüsebrühe

Meersalz und Pfeffer

Tomatensauce

8–10 Tomaten

1 Zwiebel, in dicken Ringen

3 Knoblauchzehen

2 EL Erdnussöl

Zubereitung

1 Den Backofen auf 180 °C vorheizen. Eine runde Auflaufform mit
Butter einfetten.

2 Leicht gesalzenes Wasser in einem Topf zum Kochen bringen.
8–10 Blätter vom Rotkohl ablösen und ins kochende Wasser
geben. Die Hälfte des Zitronensafts zufügen. Die Blätter 4 Minuten kochen. Abgießen und trocken tupfen. Den dicksten Teil
des Strunks herausschneiden.

3 Den verbliebenen Kohl längs halbieren und eine Hälfte für ein
anderes Rezept beiseitelegen. Die andere Hälfte vierteln und
den Strunk entfernen. Die Blätter raspeln.

4 Das Öl und die Hälfte der Butter in einer großen Pfanne auf
mittlerer Stufe erhitzen. Die Zwiebel darin 5 Minuten dünsten,
bis sie glasig ist.

5 Pilze, Nüsse, Rotkohl, Knoblauch und Oregano zufügen. Mit Salz
und Pfeffer würzen und alles 5 Minuten dünsten.

6 Den Reis, den verbliebenen Zitronensaft und die Hälfte der
Brühe unterrühren und weitere 2 Minuten garen.

7 Die Auflaufform rundum mit den gekochten Kohlblättern auslegen, dabei keine Lücke lassen. Die Füllung hineingeben und gut
andrücken. Die verbliebene Butter in Flocken darauf verteilen.

8 Die Blätter über die Füllung falten und die verbliebene Brühe vom Formrand zugießen. Mit Alufolie abdecken und 45–50 Minuten im vorgeheizten Ofen backen.

9 Für die Tomatensauce Tomaten, Zwiebel und Knoblauch unter dem heißen Backofengrill rösten. Den Stielansatz aus den Tomaten schneiden, aber die Tomaten nicht häuten. In einer Küchenmaschine alles zu einem groben Püree verarbeiten. Das Öl in einer Pfanne erhitzen und das Tomatenpüree darin 10 Minuten einkochen lassen. Mit Salz und Pfeffer würzen und in eine große Schüssel füllen. Servieren Sie den Rotkohlauflauf in Stücken zusammen mit der Tomatensauce.

Grünkohl-Bohnen-Eintopf

| Für 6 Personen | Vorbereitung: 25 Min. plus Einweichzeit | Garzeit: 1 Std. 45 Min.– 2 Std. |

Zutaten

350 g weiße Bohnen, über Nacht eingeweicht

1 EL Kreuzkümmelsamen

2 TL getrockneter Oregano

3 EL Erdnussöl

2 Zwiebeln, gehackt

2 Knoblauchzehen, in dünnen Scheiben

1–3 frische rote oder grüne Chilis, entkernt und in Ringen

400 g gehackte Tomaten aus der Dose

450 ml Gemüsebrühe

175 g geraspelter Grünkohl

5 EL frisch gehackter Koriander

Saft von 1 Limette

Meersalz und Pfeffer

2 Avocados, gewürfelt und in Limettensaft gewendet, und rote Zwiebelringe, zum Garnieren

Zubereitung

1 Die Bohnen abgießen und in einem Topf mit Wasser bedecken. 15 Minuten sprudelnd kochen, dann bei reduzierter Hitze 30–45 Minuten köcheln lassen. Sie dürfen nicht zerfallen. Abgießen und beiseitestellen.

2 Die Kreuzkümmelsamen in einer trockenen Pfanne auf mittlerer Stufe rösten, bis sie duften. Den Oregano zufügen, ein paar Sekunden mitrösten, dann alles sofort aus der Pfanne nehmen. Die Gewürze in einem Mörser zerstoßen.

3 Das Öl in einem großen Schmortopf auf mittlerer Stufe erhitzen. Zwiebeln und Gewürzmischung darin 5 Minuten braten, bis die Zwiebeln glasig sind. Knoblauch und Chilis zufügen und 2 weitere Minuten braten.

4 Tomaten, Bohnen und Brühe zugeben. Mit Salz und Pfeffer würzen und zum Kochen bringen. Dann abgedeckt bei reduzierter Hitze 30 Minuten unter gelegentlichem Rühren köcheln. Die Hitze erhöhen und den Kohl unterrühren. Ohne Deckel 7 Minuten köcheln lassen, bis der Kohl gar, aber noch von leuchtender Farbe ist. Koriander und Limettensaft unterrühren. Den Eintopf auf Suppenteller verteilen, mit Avocado und roter Zwiebel garnieren und sofort servieren.

Zwiebeltarte

Für 4–6 Personen

Vorbereitung: 20 Min.

Garzeit: 45–50 Min.
plus Ruhezeit

Zutaten

100 g Butter

600 g Zwiebeln, in dünnen Ringen

2 Eier

100 g Sahne

100 g frisch geriebener Gruyère

1 fertig gebackener ungesüßter
Mürbeteigboden (20 cm Ø)

100 g frisch geriebener Parmesan

Salz und Pfeffer

Zubereitung

1 Die Butter in einer Pfanne auf mittlerer Stufe zerlassen und die Zwiebeln darin unter häufigem Rühren 30 Minuten gut bräunen und karamellisieren. Aus der Pfanne nehmen und beiseitestellen.

2 Den Backofen auf 190 °C vorheizen. Die Eier in eine große Schüssel aufschlagen, die Sahne unterrühren und mit Salz und Pfeffer würzen. Den Gruyère zufügen und gut untermengen. Dann die Zwiebeln unterrühren.

3 Diese Mischung auf den Mürbeteigboden geben und mit dem Parmesan bestreuen.

4 Auf ein Backblech setzen. 15–20 Minuten im Ofen backen, bis die Füllung gestockt ist und anfängt zu bräunen. Aus dem Ofen nehmen und mindestens 10 Minuten ruhen lassen.

5 In Stücke schneiden und heiß oder zimmerwarm servieren.

Zucchinirisotto

Für 4 Personen   Vorbereitung: 20 Min.   Garzeit: 35–40 Min.

Zutaten

4 EL Olivenöl mit Basilikum
aromatisiert, plus etwas mehr
zum Beträufeln

4 Zucchini, gewürfelt

1 gelbe Paprika, gewürfelt

2 Knoblauchzehen, fein gehackt

1 große Zwiebel, fein gehackt

400 g Risottoreis

4 EL trockener weißer Wermut

1,5 l köchelnde Gemüsebrühe

25 g Butter

1 große Handvoll Basilikumblätter,
zerzupft, plus ein paar Blätter zum
Garnieren

80 g frisch geriebener Parmesan

Salz und Pfeffer

Zubereitung

1 Die Hälfte des Olivenöls in einer großen Pfanne erhitzen. Zucchini und Paprika zugeben und 3–4 Minuten stark braten. Den Knoblauch zugeben und kurz weiterbraten. Auf einen Teller geben und beiseitestellen.

2 Das restliche Öl in einem großen Topf bei mittlerer Temperatur erhitzen und die Zwiebel darin dünsten, bis sie weich ist. Den Reis zugeben und unter Rühren 2 Minuten garen, bis er glasig wird.

3 Den Wermut zugießen; er wird sofort aufgesogen. Eine Schöpfkelle Brühe zugeben und ständig rühren, bis der Reis die Brühe aufgesogen hat.

4 Auf diese Weise die ganze Brühe zugeben. Dabei stets warten, bis der Reis die Brühe aufgesogen hat. Nach 20–25 Minuten Kochzeit sollte der Reis die Brühe vollständig aufgesogen haben und gar, aber noch bissfest sein.

5 Nun Zucchinimischung, Butter, Basilikum und Parmesan zugeben und gut verrühren. Den fertigen Risotto auf vier vorgewärmte Teller verteilen und mit Olivenöl beträufeln. Mit ein paar Basilikumblättern garnieren und heiß servieren.

Rote Bete mit Meerrettichbutter

Für 4 Personen

Vorbereitung: 25 Min.
plus Abkühl- & Kühlzeit

Garzeit: 1 Std. 45 Min.–
1 Std. 55 Min.

Zutaten

8 kleine Rote Bete, halbiert

Erdnussöl, zum Einfetten und
Bestreichen

4 frische Thymianzweige

4 EL frisch geriebener Meerrettich
oder Fertigprodukt

125 g Butter

Meersalzflocken und Pfeffer

Rucolablätter, zum Servieren

Polenta

850 ml Wasser

175 g Instant-Polenta

1 TL Salz

Zubereitung

1 Für die Polenta das Wasser in einem großen Topf zum Kochen bringen. Polenta und Salz langsam unter ständigem Rühren einrieseln lassen. Unter häufigem Rühren 30–40 Minuten köcheln, bis sich die Masse vom Topfrand löst. Einen kleinen Bräter einfetten, die Polenta in den Bräter geben, glatt streichen und abkühlen lassen.

2 Den Backofen auf 190 °C vorheizen. Die Rote Bete in ausreichend Öl wenden. Je 4 Rote-Bete-Hälften und 1 Thymianzweig auf einem Stück Alufolie platzieren. Mit Salz und Pfeffer würzen. Die Folie locker, aber dicht um die Rote-Bete-Hälften falten. Etwa 1 Stunde im Ofen backen, bis sie gar sind.

3 Inzwischen den Meerrettich mit Butter, ½ Teelöffel Salz und ¼ Teelöffel Pfeffer verrühren. Mithilfe von Frischhaltefolie zu einer langen Rolle formen und in den Kühlschrank stellen.

4 Den Backofengrill vorheizen, die Polenta in vier Rechtecke schneiden und mit Öl bestreichen. Etwa 3 Minuten unter dem heißen Grill backen, dann wenden und weitere 3 Minuten grillen, bis sie knusprig sind.

5 Die Polentastücke auf Servierteller verteilen. Mit Roter Bete und in Scheiben geschnittener Meerrettichbutter belegen. Mit je 1 Handvoll Rucola garnieren und sofort servieren.

Tofu-Moussaka

Für 4 Personen   Vorbereitung: 30–35 Min. plus Abkühlzeit   Garzeit: 1 Std. 35 Min.– 1 Std. 40 Min.

Zutaten

150 g Ofenkartoffeln, abgebürstet

4 EL Zitronensaft

1 TL Raps- oder Pflanzenöl

1 TL Zucker

2 TL zerdrückter Knoblauch

1 TL gemahlener Kreuzkümmel

2 EL getrockneter Oregano

250 g Auberginen, in Würfeln

100 g Zwiebeln, in Ringen

175 g verschiedenfarbige Paprika, gewürfelt

200 g gehackte Tomaten aus der Dose

400 g Naturjoghurt

2 EL Speisestärke

2 EL Senfpulver

200 g Seidentofu, in Scheiben

80 g Fleischtomaten, in dünnen Scheiben

Zubereitung

1 Den Backofen auf 190 °C vorheizen. Die Kartoffeln darin mit Schale 45 Minuten backen, dann herausnehmen, abkühlen lassen und in dünne Scheiben schneiden.

2 Zitronensaft, Öl, Zucker, Knoblauch, Kreuzkümmel und Oregano in einer kleinen Schüssel mischen. Die Auberginenwürfel damit leicht bepinseln, die restliche Mischung beiseitestellen. Die Auberginenwürfel auf ein mit Backpapier ausgelegtes Backblech legen und 15 Minuten backen.

3 Die restliche Zitronensaftmischung in einem kleinen Topf bei hoher Temperatur erhitzen. Zwiebeln und Paprika zufügen und unter Rühren leicht anbräunen. Die gehackten Tomaten zugeben, die Hitze reduzieren und alles 4 Minuten köcheln lassen.

4 Joghurt und Speisestärke in einem anderen Topf vermischen, zum Kochen bringen und rühren, bis die Mischung angedickt ist. Das Rühren ist sehr wichtig, weil der Joghurt ansonsten gerinnt. Den angedickten Joghurt vom Herd nehmen und das Senfpulver einrühren.

5 Tofu, Zwiebel-Paprika-Mischung, Auberginen und Kartoffeln in einer Auflaufform in so vielen Lagen wie möglich übereinanderschichten. Dabei zwischen jede Lage etwas Sauce geben. Mit Fleischtomatenscheiben und Sauce enden.

6 20–25 Minuten im Ofen backen, bis der Auflauf goldbraun ist, anschließend sofort servieren.

Vegetarische Paella

Für 6 Personen **Vorbereitung: 20 Min.** **Garzeit: 40 Min.**

Zutaten

½ TL Safranfäden

2 EL heißes Wasser

6 EL Olivenöl

1 Gemüsezwiebel, in Ringen

3 Knoblauchzehen, zerdrückt

1 rote Paprika, in Streifen

1 orangefarbene Paprika, in Streifen

1 große Aubergine, gewürfelt

200 g Paella-Reis

600 ml Gemüsebrühe

450 g Tomaten, gehäutet und gehackt

120 g kleine Champignons, in Scheiben

120 g grüne Bohnen, halbiert

400 g Wachsbohnen aus der Dose

Salz und Pfeffer

Zubereitung

1 Die Safranfäden in eine Schale geben, mit dem heißen Wasser übergießen und einige Minuten ziehen lassen.

2 Unterdessen das Öl in einer großen Paella-Pfanne erhitzen. Die Zwiebel darin bei mittlerer Hitze 2–3 Minuten dünsten, bis sie weich ist. Knoblauch, Paprika und Aubergine zufügen und unter Rühren 5 Minuten garen.

3 Den Reis zufügen und etwa 1 Minute unter Rühren garen. Dann Brühe, Tomaten und Safran samt Einweichwasser zufügen und alles mit Salz und Pfeffer würzen. Die Mischung aufkochen, dann bei reduzierter Hitze 15 Minuten köcheln lassen; dabei oft an der Pfanne rütteln und nur gelegentlich umrühren.

4 Champignons, grüne Bohnen und Wachsbohnen samt der Flüssigkeit aus der Dose zugeben. Die Paella weitere 10 Minuten kochen, dann sofort servieren.

Kürbistopf mit Grünkohl & Dinkel

Für 6 Personen   Vorbereitung: 20–25 Min.   Garzeit: 1 Std.

Zutaten

1,25 kg festfleischiger Kürbis, z. B. Muskatkürbis

2 EL natives Olivenöl extra

1 Zwiebel, fein gehackt

2 TL getrockneter Oregano

2 Knoblauchzehen, in feinen Scheiben

400 g gehackte Tomaten aus der Dose

700 ml Gemüsebrühe

125 g schnellkochender Dinkel, abgespült

250 g Grünkohl, in Streifen

400 g Kichererbsen aus der Dose, abgespült und abgetropft

6 EL frisch gehackter Koriander

Saft von 1 Limette

Salz und Pfeffer

Zubereitung

1 Den Kürbis vierteln, schälen und entkernen. Das Kürbisfleisch würfeln (es werden ca. 650 g benötigt).

2 Das Öl in einem Bräter oder einem schweren Topf auf mittlerer Stufe erhitzen. Die Zwiebel zugeben und 5 Minuten unter Rühren garen, bis sie glasig ist. Oregano und Knoblauch zugeben und alles 2 Minuten braten.

3 Den Kürbis zugeben, den Topf abdecken und alles 10 Minuten garen.

4 Tomaten, Brühe und Dinkel zugeben. Den Topf wieder abdecken und alles zum Kochen bringen. Die Hitze etwas reduzieren und das Gericht 20 Minuten unter gelegentlichem Rühren leicht köcheln lassen.

5 Grünkohl und Kichererbsen zugeben und 15 Minuten weitergaren. Alle Zutaten sollten jetzt weich sein.

6 Mit Salz und Pfeffer abschmecken, direkt vor dem Servieren Koriander und Limettensaft einrühren.

Variation
Statt Kirchererbsen Borlottibohnen aus der Dose verwenden.

DESSERTS

Gebackener Milchreis

Für 4–6 Personen   Vorbereitung: 15 Min.   Garzeit: 1 Std. 35 Min.–
2 Std. 5 Min.

Zutaten

120 g Rundkornreis

50 g Feinstzucker

850 ml Milch

3 Tropfen Vanillearoma

40 g kalte Butter, plus etwas mehr
zum Einfetten

1 Prise frisch geriebene Muskatnuss

Zubereitung

1 Den Backofen auf 150°C vorheizen. Eine Auflaufform (1,2 l
Inhalt) mit Butter einfetten. Den Reis in die Form geben und mit
dem Zucker bestreuen.

2 Die Milch in einem Topf erhitzen, aber nicht aufkochen. Dann
über den Reis gießen. Das Vanillearoma unterrühren und alles
gut verrühren, bis der Zucker sich auflöst.

3 Die Butter würfeln und über den Reis geben.

4 Den Reis mit der Muskatnuss bestäuben. Die Form auf ein Backblech setzen und auf mittlerer Schiene im Ofen 1½–2 Stunden
backen, bis der Milchreis gebräunt ist. Nach den ersten 30 Minuten den Reis durchrühren. Heiß und nach Belieben mit einer
Sauce oder Zimt und Zucker servieren.

Variation
Servieren Sie den fertigen Milchreis mit Vanillesauce, Früchten
oder Eiscreme.

Linzer Torte mit Kirschen

Für 8 Personen

Vorbereitung: 35 Min. plus Kühlzeit

Garzeit: 55–60 Min.

Zutaten

140 g Mehl, plus etwas mehr zum Bestäuben

¼ TL Backpulver

½ TL Gewürze, wie Zimt, Zitronenschale, gemahlene Gewürznelke

½ TL Salz

50 g Feinstzucker

50 g kalte Butter, gewürfelt, plus etwas mehr zum Einfetten

1 Ei, verquirlt, plus etwas mehr zum Bestreichen

Füllung

900 g entsteinte frische Kirschen oder Kirschen aus dem Glas, abgetropft

150 g Feinstzucker

2 Tropfen Bittermandelaroma

2 TL Kirschlikör

¼ TL Gewürze, wie Zimt, Zitronenschale, gemahlene Gewürznelke

2 EL Speisestärke

2 EL Wasser

25 g Butter, gewürfelt

Zubereitung

1 Mehl, Backpulver, Gewürze, Salz und Zucker in einer Schüssel verrühren. Die Butter zufügen und vermischen. Das Ei zugeben und alles zu einem festen Teig verkneten.

2 Den Teig halbieren und zu Kugeln formen. Diese in Frischhaltefolie einschlagen und 30 Minuten in den Kühlschrank stellen. Den Backofen auf 220 °C vorheizen.

3 Eine Tarteform (23 cm Ø) mit Butter einfetten. Die Teigkugeln zu zwei Kreisen (30 cm Ø) ausrollen. Mit einer Teigplatte die Form auslegen.

4 Für die Füllung die Hälfte der Kirschen und den Zucker in einem Topf zum Kochen bringen und 5 Minuten köcheln lassen. Bittermandelaroma, Kirschlikör und Gewürze unterrühren. Speisestärke und Wasser in einer Schüssel glatt rühren, in den Topf geben und verrühren. Unter ständigem Rühren köcheln lassen, bis die Masse andickt. Vom Herd nehmen und leicht abkühlen lassen. Die restlichen Kirschen unterrühren und die Mischung auf dem Tarteboden verteilen. Mit den Butterstücken belegen.

5 Den zweiten Teigkreis in etwa 1 cm breite Streifen schneiden. Je fünf Streifen parallel mit etwas Abstand auf die Kirschfüllung legen. Dann sechs Streifen kreuzweise darüberlegen, dabei unter jedem zweiten Streifen hindurchfädeln, um ein Gitter zu bilden. Die Enden abschneiden, mit etwas Wasser befeuchten und den Rand daraufdrücken. Das Teiggitter und den Rand mit etwas Ei bestreichen. Mit Alufolie abdecken und 30 Minuten im Ofen backen. Die Alufolie entfernen und weitere 15 Minuten backen, bis das Gitter goldbraun ist.

Mousse au Chocolat

Für 4–6 Personen   Vorbereitung: 35 Min.   Garzeit: 5 Min.
                        plus Abkühl- & Kühlzeit

Zutaten

225 g Bitterschokolade mit mindestens 70 % Kakaoanteil, gehackt

2 EL Weinbrand, Grand Marnier oder Cointreau

4 EL Wasser

25 g Butter, gewürfelt

3 große Eier, getrennt

¼ TL Weinstein-Backpulver

50 g Feinstzucker

125 g Sahne

Zubereitung

1 Schokolade, Weinbrand und Wasser in einen kleinen Topf geben und bei sehr geringer Temperatur unter Rühren erhitzen, bis die Schokolade geschmolzen und die Mischung glatt ist. Den Topf vom Herd nehmen und die Butter einrühren. Nach und nach das Eigelb unterrühren, bis alles gut vermengt ist. Dann die Masse abkühlen lassen.

2 Inzwischen das Eiweiß mit dem Mixer bei niedriger Stufe in einer sauberen Schüssel schaumig schlagen. Dann bei höherer Stufe weiterschlagen, bis sich weiche Spitzen bilden. Den Weinstein zufügen, dann löffelweise den Zucker zugeben, bis der Eischnee fest wird. Einige Esslöffel des Eischnees zur Schokoladencreme geben und unterziehen.

3 Die Sahne in einer separaten Schüssel steif schlagen und auf die Schokoladencreme löffeln. Das restliche Eiweiß darübergeben und alles mit einem großen Löffel oder einem Teigschaber unter die Schokoladencreme ziehen. Die fertige Mousse in eine große Servierschüssel füllen oder auf Portionsschalen verteilen. Schüssel oder Schalen mit Frischhaltefolie abdecken und vor dem Servieren mindestens 3 Stunden kalt stellen.

Erdbeer-Käsekuchen

Für 8 Personen

Vorbereitung: 25 Min.
plus Abkühlzeit

Garzeit: 1 Std. 10 Min.
plus Abkühlzeit

Zutaten

Boden

50 g Butter

200 g Vollkornkekse, zerkrümelt

80 g Walnusskerne, gehackt

Füllung

450 g Mascarpone

2 Eier, verquirlt

3 EL Feinstzucker

250 g weiße Schokolade, in
kleinen Stücken

300 g Erdbeeren, geviertelt

Belag

175 g Mascarpone

50 g weiße Schokoladenspäne

4 Erdbeeren, halbiert

Zubereitung

1 Den Backofen auf 150 °C vorheizen. Die Butter bei niedriger Hitze in einem Topf zerlassen. Dann Kekse und Walnüsse unterrühren.

2 In eine Springform (22 cm Ø) geben und mit einem Löffelrücken gleichmäßig auf dem Boden andrücken. Beiseitestellen.

3 Für die Füllung den Mascarpone in einer Schüssel glatt rühren, dann Eier und Zucker unterrühren.

4 Die Schokoladenstücke in eine hitzebeständige Schüssel geben, auf einen Topf mit leicht köchelndem Wasser setzen und unter Rühren schmelzen. Vom Herd nehmen und leicht abkühlen lassen. In die Mascarponemischung einrühren. Dann die Erdbeeren unterheben.

5 Die Mischung in die Form geben und glatt streichen. Etwa 1 Stunde im vorgeheizten Ofen backen, bis die Masse fest geworden ist.

6 Den Ofen ausschalten und den Käsekuchen bei halb geöffneter Ofentür auskühlen lassen. Auf eine Kuchenplatte heben.

7 Für den Belag den Mascarpone auf dem Käsekuchen verstreichen. Mit den Schokospänen bestreuen und mit den halbierten Erdbeeren garnieren.

2

3

6

Eton Mess

Für 4–6 Personen   Vorbereitung: 35–40 Min. plus Abkühlzeit   Garzeit: 45–50 Min.

Zutaten

3 Eiweiß

175 g Feinstzucker

700 g Erdbeeren

2 EL Puderzucker

2 EL Erdbeerlikör (nach Belieben)

300 g Crème double

150 g Sahne

Zubereitung

1 Den Backofen auf 150°C vorheizen. Das Eiweiß in einer fettfreien Schüssel mit einem Handmixer steif schlagen. Den Zucker allmählich einrieseln lassen und dabei weiterschlagen. Die Baisermasse soll fest sein und glänzen. Ein Backblech mit Backpapier auslegen. Die Baisermasse daraufgeben und zu einem Kreis von etwa 30 cm Ø verstreichen. Im vorgeheizten Ofen 45–50 Minuten backen, bis das Baiser außen fest, aber innen noch weich ist. Aus dem Ofen nehmen und abkühlen lassen.

2 Die Erdbeeren verlesen und putzen. Ein Drittel (möglichst die großen Früchte) in einem Mixer mit dem Puderzucker pürieren. In eine Schüssel geben, den Likör einrühren und die restlichen Früchte in die Erdbeersauce geben. Crème double und Sahne zusammen steif schlagen.

3 Das Baiser in große Stücke brechen und die Hälfte in eine große Servierschüssel aus Glas geben. Die Hälfte der Erdbeermischung und die Hälfte der Sahne darauf verteilen. Die restlichen Zutaten ebenso aufschichten, dann vorsichtig einen Löffel durchziehen, sodass eine gestreifte Mischung entsteht. Sofort nach dem Mischen servieren, weil das Baiser schnell weich wird.

Pfirsichnockerln

Für 4–6 Personen   **Vorbereitung: 20–30 Min.**   **Garzeit: 35 Min.**

Zutaten

Füllung

6 Pfirsiche, geschält und
in Spalten

4 EL Feinstzucker

½ EL Zitronensaft

1½ TL Speisestärke

3 Tropfen Mandel- oder Vanillearoma

Vanille- oder Walnusseiscreme,
zum Servieren

Teig

185 g Mehl • 120 g Feinstzucker

1½ TL Backpulver • ½ TL Salz

80 g Butter, gewürfelt

1 Ei • 6 EL Milch

Zubereitung

1 Den Backofen auf 220 °C vorheizen. Die Pfirsichspalten in eine flache Auflaufform (etwa 23 cm Seitenlänge) geben. Zucker, Zitronensaft, Speisestärke und Mandelaroma zufügen und alles gut vermengen. Die Pfirsiche 20 Minuten im Ofen garen.

2 Unterdessen für den Teig Mehl, Zucker (bis auf 2 Esslöffel), Backpulver und Salz in eine große Schüssel sieben. Die Butter zugeben und alles mit den Fingern zu einem feinkrümeligen Teig verarbeiten. Ei und 5 Esslöffel Milch in einer Schale verrühren, in die Schüssel gießen und alles mit einer Gabel zu einem weichen Teig verarbeiten. Ist der Teig zu trocken, noch etwas Milch einarbeiten.

3 Die Ofentemperatur auf 200 °C reduzieren. Die Auflaufform aus dem Ofen nehmen und den Teig in esslöffelgroßen Nockerln gleichmäßig auf den Pfirsichspalten verteilen. Mit dem restlichen Zucker bestreuen und 15 Minuten im Ofen backen, bis die Teignockerln, die beim Backen etwas verlaufen, goldbraun und fest sind. Die Nockerln warm oder kalt mit Eiscreme servieren.

Wassermelonensalat mit Feigen

Für 4 Personen   Vorbereitung: 20–25 Min.   Garzeit: 5 Min.
plus Abkühl– und Kühlzeit

Zutaten

1,5 kg Wassermelone

125 g kernlose rote Weintrauben

4 frische Feigen

Sirup-Dressing

1 Limette

abgeriebene Schale und Saft von 1 Orange

1 EL Ahornsirup

2 EL Honig

Zubereitung

1 Die Wassermelone in Spalten schneiden und die Kerne entfernen. Das Fleisch von der Schale lösen und in 2,5 cm große Würfel schneiden. Die Würfel mit den Weintrauben in eine Schüssel geben. Die Feigen längs in acht Spalten schneiden und zugeben.

2 Für das Dressing die Limettenschale abreiben und in einem kleinen Topf mit Orangensaft und -schale, Ahornsirup und Honig verrühren. Bei niedriger Temperatur zum Kochen bringen. Den Sirup über die Früchte gießen und umrühren. Abkühlen lassen, nochmals umrühren und mindestens 1 Stunde in den Kühlschrank stellen. Zwischendurch gelegentlich umrühren.

3 Den Salat auf vier Dessertschalen verteilen und servieren.

Limettenkuchen

Für 8 Personen   Vorbereitung: 25–30 Min.   Garzeit: 25 Min.
plus Abkühl- & Kühlzeit

Zutaten

Keksboden

175 g Vollkorn- oder Ingwerkekse

2 EL Feinstzucker

½ TL Zimt

70 g Butter, zerlassen, plus etwas
mehr zum Einfetten

Füllung

400 g Kondensmilch

125 ml frisch gepresster Limettensaft

fein abgeriebene Schale
von 3 Limetten

4 Eigelb

steif geschlagene Sahne, zum
Servieren

Zubereitung

1 Den Backofen auf 160 °C vorheizen. Eine 4 cm hohe Tarteform
mit herausnehmbarem Boden (23 cm Ø) einfetten.

2 Für den Boden Kekse, Zucker und Zimt in die Küchenmaschine
geben und zu einer feinkrümeligen Masse verarbeiten – nicht zu
fein hacken. Die zerlassene Butter zugeben und einarbeiten, bis
die Krümel binden.

3 Die Krümelmischung in die Tarteform füllen und gleichmäßig an
Boden und Rand andrücken. Die Form auf ein Backblech setzen
und 5 Minuten im Ofen backen. Währenddessen für die Füllung
Kondensmilch, Limettensaft und -schale sowie Eigelb in einer
Schüssel gründlich vermischen.

4 Die Form aus dem Ofen nehmen, die Füllung hineingießen und
glatt streichen. Den Kuchen weitere 15 Minuten backen, bis die
Füllung am Rand fest und in der Mitte noch weich ist. Auf einem
Kuchengitter vollständig auskühlen lassen, abdecken und mindestens 2 Stunden kalt stellen. Großzügig mit Schlagsahne bedeckt
servieren.

Karamell-Tartelettes mit Salz

Ergibt 4 Tartelettes

Vorbereitung: 30 Min. plus Abkühl- und Kühlzeit

Garzeit: 15 Min.

Zutaten

Boden

175 g Butterkekse, fein zerkrümelt

80 g Butter, zerlassen

Füllung

300 g Feinstzucker

150 g Butter

¼ TL grobes Meersalz

125 g Sahne

Belag

150 g Sahne

Schokoladenspäne

Zubereitung

1 Für die Böden die zerdrückten Butterkekse mit der zerlassenen Butter in einer Schüssel verrühren. Die Mischung in vier Portionen teilen und fest an Boden und Seiten von vier Tartelettefförmchen drücken. 30 Minuten in den Kühlschrank stellen.

2 Für die Füllung den Zucker mit 4 Esslöffeln Wasser in einen kleinen Topf geben. Langsam erhitzen und rühren, bis der Zucker sich aufgelöst hat. Aufkochen und kochen lassen, ohne zu rühren, bis die Mischung eine helle Karamellfarbe hat. Vom Herd nehmen und 2 Minuten abkühlen lassen, dann vorsichtig die Butter und die Hälfte des Salzes einrühren.

3 Langsam die Sahne unterschlagen. Weiterschlagen, bis die Mischung glatt ist und glänzt. In eine hitzebeständige Schüssel umfüllen, abkühlen und eindicken lassen, dabei gelegentlich umrühren. Das restliche Salz unterrühren. Die abgekühlte Karamellcreme in die Tartelettes füllen.

4 Für den Belag die Sahne steif schlagen. Auf die Karamellcreme verteilen, mit Schokoladenspänen garnieren und servieren.

Zitronenkuchen

Für 6–8 Personen   Vorbereitung: 40 Min.   Garzeit: 1 Std.
plus Abkühl- & Kühlzeit

Zutaten

Teig

150 g Mehl, plus etwas mehr zum Bestäuben

80 g kalte Butter, gewürfelt, plus etwas mehr zum Einfetten

30 g Puderzucker, gesiebt

fein abgeriebene Schale von ½ Zitrone

½ Eigelb, verquirlt

1½ EL Milch

Füllung

3 EL Speisestärke

300 ml Wasser

Saft und abgeriebene Schale von 2 Zitronen

175 g Feinstzucker

2 Eier, getrennt

Zubereitung

1 Für den Teig das Mehl in eine Schüssel sieben. Die Butter zufügen und alles mit den Fingern zu einem feinkrümeligen Teig verarbeiten.

2 Die restlichen Teigzutaten zufügen und alles gut vermengen. Die Teigmasse auf eine leicht bemehlte Arbeitsfläche geben und kurz verkneten. In Frischhaltefolie einschlagen und 30 Minuten in den Kühlschrank stellen.

3 Den Backofen auf 180 °C vorheizen und eine Tarteform (20 cm Ø) einfetten. Den Teig 5 mm dick ausrollen und die vorbereitete Form damit auslegen.

4 Den Teigboden mehrmals mit einer Gabel einstechen, mit Backpapier und Backbohnen belegen und im vorgeheizten Ofen 15 Minuten blindbacken.

5 Die Form aus dem Ofen nehmen und das Backpapier samt Bohnen entfernen. Die Ofentemperatur auf 150 °C reduzieren.

6 Für die Füllung die Speisestärke mit etwas Wasser anrühren. Das restliche Wasser in einen Topf gießen, dann Zitronensaft und -schale sowie Speisestärkemischung einrühren.

7   Unter Rühren aufkochen und 2 Minuten köcheln lassen. Vom Herd nehmen und leicht abkühlen lassen. 75 g Zucker und das Eigelb einrühren. In die Teigform gießen.

8   Das Eiweiß steif schlagen. Nach und nach den restlichen Zucker einrühren. Die Baisermasse auf der Füllung verstreichen. 40 Minuten im Ofen backen.

9   Den Kuchen aus dem Ofen nehmen, abkühlen lassen und servieren.

New York Cheesecake

Für 10 Personen

Vorbereitung: 35 Min.
plus Abkühlzeit

Garzeit: 1 Std.
plus Abkühl- & Ruhezeit

Zutaten

100 g Butter, plus etwas mehr
zum Einfetten

150 g Vollkornkekse, fein zerkrümelt

1 EL grobkörniger Zucker

900 g Frischkäse

250 g Feinstzucker

2 EL Mehl

5 Tropfen Vanillearoma

fein abgeriebene Schale von
1 Zitrone

fein abgeriebene Schale von
1 Orange

3 Eier

2 Eigelb

300 g Sahne

Zubereitung

1 Den Backofen auf 180 °C vorheizen. Die Butter in einem kleinen Topf bei niedriger Hitze zerlassen. Vom Herd nehmen, die zerkrümelten Kekse und den grobkörnigen Zucker zugeben und gründlich verrühren.

2 Die Masse auf dem Boden einer Springform (23 cm ∅) verteilen und fest andrücken. 10 Minuten im Ofen backen. Die Form herausnehmen und auf einem Kuchengitter auskühlen lassen.

3 Die Backofentemperatur auf 200 °C erhöhen. Den Frischkäse in der Küchenmaschine auf niedriger Stufe cremig rühren, dann nach und nach Zucker und Mehl zugeben. Die Masse glatt rühren.

4 Die Maschine auf eine höhere Stufe stellen und Vanillearoma sowie Zitronen- und Orangenschale einrühren. Eier und Eigelb jeweils einzeln zugeben und unterschlagen. Zuletzt die Sahne einrühren. Während des Rührvorgangs immer wieder die Creme vom Schüsselrand in die Schüssel streichen. Die Käsemasse sollte leicht und luftig sein.

5 Den Rand der Springform einfetten und die Käsemasse auf den gebackenen Boden geben, glatt streichen und 15 Minuten backen. Dann die Hitze auf 110 °C reduzieren und den Kuchen weitere 30 Minuten backen.

6 Den Ofen ausschalten und den Kuchen darin 2 Stunden auskühlen lassen. Abdecken und über Nacht in den Kühlschrank stellen.

7 Mit einem Messer den Kuchen vom Rand der Form lösen, dann den Rand abnehmen. Den Kuchen in Stücke schneiden und servieren.

Feine Schokotörtchen

Für 8 Personen

Vorbereitung: 35–40 Min. plus Abkühl- und Kühlzeit

Garzeit: 25–30 Min.

Zutaten

225 g Mehl, plus etwas mehr zum Bestreuen

120 g Butter, gewürfelt

2 EL Puderzucker

1 Eigelb

2–3 EL kaltes Wasser

Füllung

250 g Bitterschokolade, in Stücken, plus etwas mehr zum Garnieren

120 g Butter

50 g Puderzucker

300 g Sahne

Zubereitung

1 Das Mehl in eine große Schüssel füllen. Die Butter zugeben und alles mit den Fingern zu einem krümeligen Teig verarbeiten. Puderzucker, Eigelb und wenig Wasser zugeben und zu einem weichen Teig verkneten. Abgedeckt 15 Minuten in den Kühlschrank stellen. Den Teig auf einer leicht bemehlten Arbeitsfläche ausrollen und acht flache Tarteletteförmchen (10 cm Ø) damit auslegen. 30 Minuten in den Kühlschrank stellen.

2 Den Backofen auf 200 °C vorheizen. Die Teigböden mehrmals mit einer Gabel einstechen, dann zerknüllte Alufolie darauflegen. Im vorgeheizten Ofen 10 Minuten backen, die Folie entfernen und die Böden weitere 5–10 Minuten backen, bis der Teig knusprig ist. Auf einem Kuchengitter abkühlen lassen. Die Ofentemperatur auf 160 °C reduzieren.

3 Für die Füllung die Schokolade mit Butter und Puderzucker in einer hitzebeständigen Schüssel über einem Topf mit schwach köchelndem Wasser schmelzen. Vom Herd nehmen und 200 g Sahne einrühren. Die Teigböden aus den Förmchen nehmen, auf ein Backblech setzen und mit der Schokoladenmasse füllen. 5 Minuten backen. Abkühlen lassen, dann bis zum Servieren in den Kühlschrank stellen. Die restliche Sahne steif schlagen und auf die Törtchen geben oder spritzen. Mit geriebener Schokolade bestreuen und sofort servieren.

Rotweinsorbet

Für 6 Personen   Vorbereitung: 30 Min.   Garzeit: 10 Min.
plus Abkühl- und Kühlzeit

Zutaten

1 Orange

1 Zitrone

600 ml fruchtiger Rotwein

140 g hellbrauner Zucker

300 ml Eiswasser

2 Eiweiß, leicht verquirlt

frisches Obst, zum Servieren

Zubereitung

1 Die Schalen von Orange und Zitrone mit einem Sparschäler abschälen, ohne dabei etwas von der bitteren weißen Schicht abzuschneiden. In einem Topf mit Rotwein und Zucker langsam erwärmen und rühren, bis der Zucker sich aufgelöst hat. Dann zum Kochen bringen und 5 Minuten köcheln lassen. Vom Herd nehmen und das Wasser einrühren.

2 Zitrone und Orange auspressen und den Saft zum Wein geben. Abgedeckt vollständig abkühlen lassen, dann durch ein feines Sieb in eine Gefrierbox gießen. Abdecken und 7–8 Stunden ins Gefrierfach stellen, bis die Masse gefroren und fest ist.

3 Das Sorbet rasch in große Stücke zerteilen und in einen Mixer geben. Einige Minuten durchmixen, dann bei laufendem Motor das Eiweiß durch den Einfüllschacht zugeben. Die Mischung wird dadurch heller. Sorgfältig glatt rühren.

4 Weitere 3–4 Stunden einfrieren, bis die Masse fest ist. In sechs gekühlte Gläser oder Schälchen füllen und mit frischem Obst servieren.

Apfel-Brombeer-Crumble

Für 4 Personen   Vorbereitung: 20–25 Min.   Garzeit: 40–45 Min.

Zutaten

900 g Kochäpfel

300 g Brombeeren

50 g Muskovado-Zucker

1 TL Zimt

90 g Mehl

½ TL Backpulver

80 g Weizenvollkornmehl

120 g Butter, gewürfelt

50 g Demerara-Zucker

steif geschlagene Sahne oder
Vanillesauce, zum Servieren

Zubereitung

1 Den Backofen auf 200 °C vorheizen. Die Äpfel schälen, vierteln und entkernen. Dann klein schneiden und mit Brombeeren, Muskovado-Zucker und Zimt in eine Auflaufform geben und alles gut vermengen.

2 Für die Streusel das einfache Mehl mit dem Backpulver in eine Schüssel sieben und mit dem Vollkornmehl vermengen. Die Butter zugeben und alles mit den Fingern zu einem feinkrümeligen Teig verarbeiten. Den Demerara-Zucker in die Masse einarbeiten.

3 Die Streusel gleichmäßig auf den vorbereiteten Früchten verteilen und den Auflauf 40–45 Minuten im Ofen backen, bis die Äpfel weich oder die Streusel goldbraun und knusprig sind. Den fertigen Auflauf noch warm mit Sahne oder Vanillesauce servieren.

Crème Brûlée

Für 6 Personen   Vorbereitung: 20–25 Min.   Garzeit: 2–4 Min.
                     plus Kühlzeit

Zutaten

225–300 g gemischte frische Früchte, z. B. Blaubeeren und entsteinte frische Kirschen

1½–2 EL Orangenlikör oder Orangenblütenwasser

250 g Mascarpone

200 g Crème fraîche

2–3 EL Muskovado-Zucker

Zubereitung

1   Die Früchte putzen, auf 4–6 Ramequin-Förmchen verteilen und mit dem Likör beträufeln.

2   Den Mascarpone in einer Schüssel glatt rühren, dann nach und nach die Crème fraîche unterrühren.

3   Die Creme über den Früchten verteilen, glatt streichen und darauf achten, dass die Oberfläche ganz eben ist. Mindestens 2 Stunden in den Kühlschrank stellen.

4   Die Creme mit dem Zucker bestreuen und mit einem Flambier-brenner karamellisieren. Alternativ unter einem vorgeheizten Backofengrill 3–4 Minuten karamellisieren lassen.

5   Die Crème brûlée sofort servieren oder vor dem Servieren 15–20 Minuten in den Kühlschrank stellen.

Schoko-Himbeer-Karamellcreme

Für 6 Personen

Vorbereitung: 20 Min.
plus Abkühl- und Kühlzeit

Garzeit: 10 Min.

Zutaten

200 g weiße Schokolade,
in großen Stücken

200 g Sahne

500 g griechischer Joghurt

225 g Himbeeren

75 g Feinstzucker

3 EL Wasser

Zubereitung

1 Schokolade und Sahne in einer hitzebeständigen Schüssel über einem Topf mit schwach köchelndem Wasser schmelzen und glatt rühren. Vom Herd nehmen und etwas abkühlen lassen.

2 Die Schokoladenmischung mit dem Joghurt verrühren, dann die Himbeeren unterheben. Die Mischung auf sechs Ramequin-Förmchen (150 ml) verteilen und mit der Rückseite eines Teelöffels glatt streichen. Mindestens 30 Minuten in den Kühlschrank stellen.

3 Zucker und Wasser in einem kleinen Topf erhitzen, bis der Zucker sich aufgelöst hat. Dann auf hoher Temperatur etwa 4 Minuten kochen, ohne zu rühren, bis die Mischung einen goldbraunen Karamellton hat.

4 Vom Herd nehmen und warten, bis keine Bläschen mehr zu sehen sind. Dann den Karamell rasch auf die Himbeercreme gießen. Er wird sehr schnell fest. Sofort servieren oder kalt stellen und innerhalb von 3 Stunden servieren, solange der Karamell knusprig ist.

Variation

Statt Himbeeren können Sie auch Erdbeeren oder Heidelbeeren verwenden.

Sommerliche Pawlowa

Für 6 Personen

Vorbereitung: 30 Min. plus Abkühlzeit

Garzeit: 1 Std. 30 Min.– 2 Std. plus Abkühlzeit

Zutaten

Baisers

2 Eiweiß

40 g Feinstzucker

1 TL Speisestärke

5 Tropfen Vanillearoma

1 TL Essig

Füllung

200 g Magerquark

150 g fettarmer Naturjoghurt

3 Tropfen Vanillearoma

300 g gemischte Beeren

Zubereitung

1 Den Backofen auf 120 °C vorheizen und ein Backblech mit Backpapier auslegen. Das Eiweiß in einer Schüssel steif schlagen. Den Zucker löffelweise zugeben und nach jeder Portion den Eischnee gründlich weiterschlagen. Speisestärke, Vanillearoma und Essig einrühren.

2 Die Mischung auf das Backblech geben und einen Kreis von etwa 15 cm Ø formen. In die Mitte eine Mulde drücken.

3 Etwa 1½–2 Stunden im Ofen backen, bis das Baiser knusprig ist. Den Ofen ausschalten und das Baiser darin abkühlen lassen. Aus dem Ofen nehmen und ganz auskühlen lassen, bevor das Baiser vom Blech genommen wird.

4 Für die Füllung Quark, Joghurt und Vanillearoma in einer Schüssel verrühren und in die Mitte des Baisers geben. Die Beeren darüber verteilen und die Pawlowa vorsichtig in sechs Stücke schneiden. Auf Teller verteilen und sofort servieren.

Brownie mit Eiscreme

Für 6 Personen   Vorbereitung: 30 Min.   Garzeit: 45–50 Min.
                  plus Abkühlzeit

Zutaten

175 g Bitterschokolade,
in Stücken

175 g Butter, plus etwas mehr
zum Einfetten

175 g hellbrauner Zucker

3 Eier, verquirlt

120 g Mehl

1 TL Backpulver

Schoko-Karamell-Sauce

50 g Bitterschokolade,
in Stücken

50 g hellbrauner Zucker

50 g Butter

3 EL Milch

Zum Servieren

6 große Kugeln Vanilleeis

1 EL gehackte Pekannüsse

6 frische oder Belegkirschen

Zubereitung

1 Den Backofen auf 180 °C vorheizen. Eine quadratische Backform (20 cm Seitenlänge) einfetten und mit Backpapier auslegen.

2 Für die Brownies Schokolade und Butter in einer großen hitzebeständigen Schüssel über einem Topf mit schwach köchelndem Wasser schmelzen. 5 Minuten abkühlen lassen, dann Zucker und Eier unterrühren. Mehl und Backpulver daraufsieben und unterheben. Den Teig in die vorbereitete Form füllen und im vorgeheizten Ofen 35–40 Minuten backen, bis er aufgegangen ist und auf Fingerdruck leicht nachgibt. 15 Minuten in der Form abkühlen lassen, dann auf einem Kuchengitter ganz auskühlen lassen.

3 Alle Zutaten für die Sauce langsam und unter ständigem Rühren in einem Topf erhitzen, bis sie geschmolzen sind. Zum Kochen bringen und 1 Minute kochen. Vom Herd nehmen und 20 Minuten auskühlen lassen.

4 Zum Servieren den Kuchen in sechs Stücke schneiden. Jedes Stück auf einen Servierteller legen. 1 Kugel Vanilleeis daraufgeben, mit warmer Sauce übergießen und mit gehackten Nüssen und Kirschen garnieren.

Schoko-Karamell-Törtchen

Für 6 Personen

Vorbereitung: 40 Min.
plus Abkühl- und Kühlzeit

Garzeit: 25–30 Min.

Zutaten

375 g Blätterteig (Fertigprodukt,
ausgerollt)

140 g Bitterschokolade,
in Stücken

300 g Sahne

50 g Feinstzucker

4 Eigelb

4 EL Karamellsauce (Fertigprodukt)

steif geschlagene Sahne,
zum Servieren

Kakaopulver, zum Bestäuben

Zubereitung

1 Die Böden von zwölf Muffinformen mit zurechtgeschnittenem Backpapier auslegen. Aus dem Blätterteig zwölf Kreise mit 5 cm Ø ausstechen, den restlichen Teig in zwölf Streifen schneiden. Die Streifen auf die Hälfte ihrer Dicke ausrollen und die Ränder der Muffinformen mit einem Streifen auslegen. Auf den Boden jeder Muffinform einen Teigkreis legen. Die Teigränder zusammendrücken. Die Teigböden mehrmals einstechen, dann 30 Minuten in den Kühlschrank stellen.

2 Den Backofen auf 200 °C vorheizen. Während der Teig gekühlt wird, die Schokolade in einer hitzebeständigen Schüssel über einem Topf mit schwach köchelndem Wasser schmelzen. Etwas abkühlen lassen, dann die Sahne unterrühren.

3 Zucker und Eigelb in einer Schüssel verquirlen. Die geschmolzene Schokolade unterrühren. Einen Teelöffel Karamellsauce auf jeden Teigboden setzen, dann die Schokoladenmischung gleichmäßig in die Formen verteilen.

4 Im vorgeheizten Ofen 20–25 Minuten backen, bis die Füllung gerade fest ist. Nach der Hälfte der Backzeit die Form umdrehen. Die Törtchen in der Form abkühlen lassen, dann vorsichtig herauslösen, mit Schlagsahne garnieren und mit Kakaopulver bestäuben.

Cappuccino-Soufflés

Für 6 Personen   Vorbereitung: 30 Min.   Garzeit: 25 Min.
plus Abkühlzeit

Zutaten

6 EL Sahne

2 TL Espressokaffeepulver

2 EL Kaffeelikör

etwas Butter, zum Einfetten

4 große Eiweiß

25 g brauner Zucker, plus etwas
mehr zum Bestreuen

3 große Eigelb

150 g Bitterschokolade,
geschmolzen und abgekühlt

Kakaopulver, zum Bestäuben

Zubereitung

1 Die Sahne in einem kleinen Topf langsam erhitzen. Das Espresso-
pulver darin auflösen, dann den Kaffeelikör einrühren. Die
Mischung auf sechs Ramequin-Förmchen (je 175 ml Inhalt) verteilen, die zuvor mit Butter eingefettet und mit Zucker ausge-
streut wurden. Den Backofen auf 190 °C vorheizen.

2 Das Eiweiß in einer Schüssel steif schlagen, dann nach und nach
den Zucker unterrühren. Eigelb und Schokolade in einer separaten Schüssel verrühren und etwas Eischnee unterziehen. Nach
und nach den Rest des Eischnees unterheben.

3 Die Mischung auf die Förmchen verteilen und die Förmchen
auf ein Backblech setzen. Die Soufflés 15 Minuten backen, bis
sie aufgegangen sind. Mit Kakaopulver bestäuben und sofort
servieren.

1

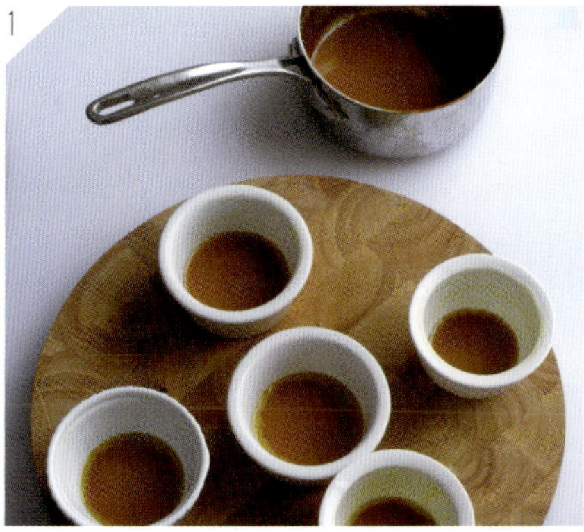

2

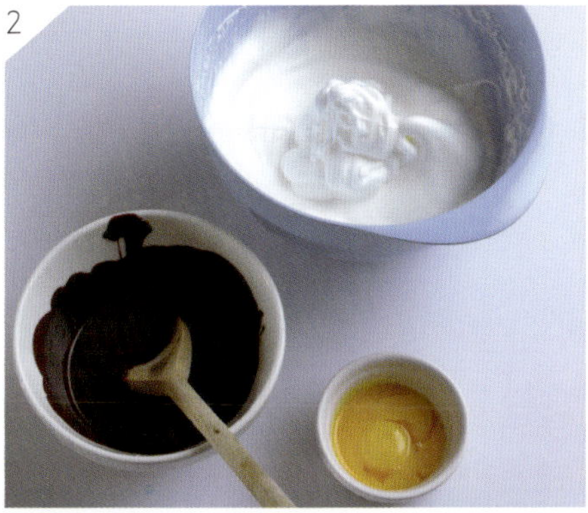

3

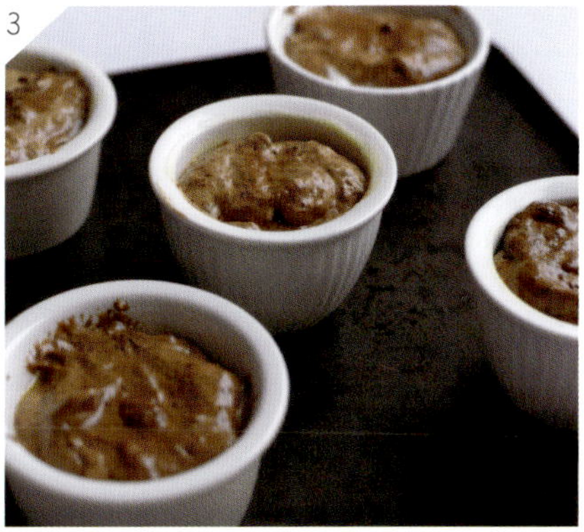

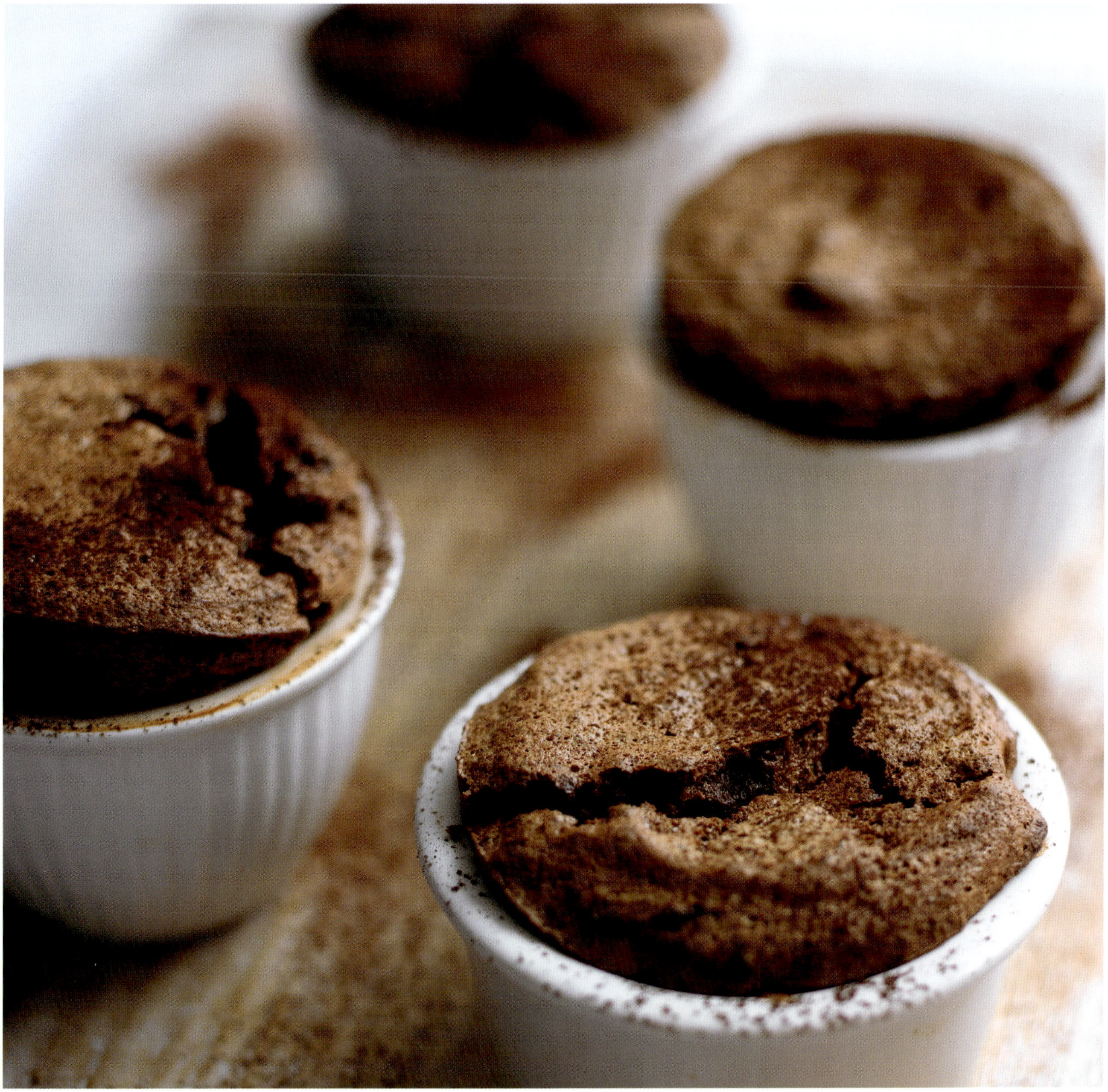

Kaffee-Walnuss-Küchlein

Für 6 Personen   Vorbereitung: 35 Min.   Garzeit: 30–40 Min.

Zutaten

1 EL Instant-Kaffeepulver

150 g Mehl

1½ TL Backpulver

1 TL Zimt

50 g weiche Butter, plus etwas mehr
zum Einfetten

50 g brauner Zucker, gesiebt

2 große Eier, verquirlt

50 g Walnusskerne, fein gehackt

Walnusssauce

25 g Walnusskerne, grob gehackt

50 g Butter

50 g brauner Zucker

Zubereitung

1 Das Kaffeepulver in 2 Esslöffel kochendem Wasser auflösen und beiseitestellen. Mehl, Backpulver und Zimt in eine Schüssel sieben. Butter und Zucker in einer anderen Schüssel schaumig rühren. Die Eier portionsweise einarbeiten; falls die Mischung zu gerinnen droht, etwas Mehl zugeben. Dann abwechselnd Kaffee und Mehl-Zimt-Mischung portionsweise unterziehen. Die Walnüsse unterrühren. Den Backofen auf 190 °C vorheizen.

2 Sechs ofenfeste Puddingförmchen einfetten. Den Teig auf die Förmchen verteilen. Jedes Förmchen mit einem Stück eingefetteter Alufolie gut abdecken und rundum abdichten. Die Förmchen in einen Bräter stellen. In den Bräter kochendes Wasser bis zur halben Höhe der Förmchen gießen. Den Bräter fest mit Alufolie abdecken.

3 Die Küchlein 30–40 Minuten im Ofen backen, bis der Teig aufgegangen und seine Oberfläche fest ist. Inzwischen die Sauce zubereiten. Dazu alle Zutaten in einem Topf unter Rühren leicht erhitzen, bis sie geschmolzen und gut vermischt sind. Kurz köcheln lassen, dann vom Herd nehmen. Die Küchlein auf einen Servierteller stürzen, mit der heißen Sauce übergießen und servieren.

Kirschtörtchen

Ergibt 8 Törtchen

Vorbereitung: 40 Min.
plus Abkühl- und Kühlzeit

Garzeit: 30–35 Min.

Zutaten

Teig

225 g Mehl, plus etwas mehr
zum Bestäuben

120 g Butter, gewürfelt

2 EL Puderzucker

5 Tropfen Vanillearoma

1 Eigelb

2–3 EL Eiswasser

Füllung

250 g Mascarpone

50 g Puderzucker

2 Eier

150 g Sahne

250 g Schwarzkirschen

3 EL Schwarzkirsch- oder Schwarze-
Johannisbeer-Konfitüre

1 EL Wasser

Zubereitung

1 Mehl und Butter in eine große Schüssel geben und mit den Fingern zu einem krümeligen Teig verarbeiten. Puderzucker, Vanillearoma, Eigelb und etwas Wasser zugeben und alles zu einem weichen Teig verkneten. Mit Frischhaltefolie abdecken und 15 Minuten in den Kühlschrank stellen. Den Teig auf einer leicht bemehlten Arbeitsfläche ausrollen und acht Tartelleteförmchen damit auslegen. 30 Minuten in den Kühlschrank stellen.

2 Den Backofen auf 200 °C vorheizen. Die Teigböden einstechen, mit Backpapier belegen und getrocknete Bohnen daraufgeben. Im vorgeheizten Ofen 10 Minuten blindbacken, dann Bohnen und Papier entfernen und weitere 5–10 Minuten backen, bis die Kuchenböden goldbraun und knusprig sind. Auf einem Kuchengitter abkühlen lassen. Die Ofentemperatur auf 180 °C reduzieren.

3 Für die Füllung Mascarpone, Puderzucker und Eier in einer Schüssel glatt rühren, dann die Sahne unterrühren. Die Tartelettes aus den Formen nehmen und auf ein Backblech setzen. Mit der Mascarponecreme füllen und 10 Minuten backen, bis die Creme fest ist. Abkühlen lassen, dann 2 Stunden in den Kühlschrank stellen. Die Kirschen halbieren, entsteinen und auf den Törtchen verteilen. Die Konfitüre mit dem Wasser in einem Topf erhitzen und über die Törtchen träufeln.

Jamaika-Eis

Für 8 Personen

Vorbereitung: 35 Min. plus Abkühl- & Gefrierzeit

Garzeit: 6–8 Min.

Zutaten

225 g Erdbeeren

250 g kleine vollreife Pfirsiche, geschält, entsteint und grob gehackt, oder 200 g Früchte aus der Dose, abgetropft

4 große Kiwis, geschält und grob gehackt

Sirup

2 EL Feinstzucker

5 EL Wasser

Zubereitung

1 Für den Sirup Zucker und Wasser in einen kleinen Topf geben und bei geringer Hitze verrühren, bis der Zucker vollständig aufgelöst ist. Die Hitze erhöhen und den Sirup zum Kochen bringen. Dann die Hitze auf mittlere Stufe reduzieren und den Sirup 3–4 Minuten köcheln lassen. Den Topf vom Herd nehmen und den Sirup abgedeckt vollständig erkalten lassen.

2 Die Erdbeeren im Mixer oder mit einem Pürierstab pürieren. 2 Esslöffel des Sirups einrühren. In acht Eisförmchen (à 125 ml) füllen und 2 Stunden gefrieren, bis die Masse fest ist.

3 Die Pfirsiche im Mixer oder mit einem Pürierstab glatt pürieren. Die Hälfte des restlichen Sirups unterrühren und in die Förmchen füllen. Eisstiele hineinstecken und die Masse 2 Stunden gefrieren, bis sie fest ist.

4 Die Kiwis im Mixer oder mit einem Pürierstab glatt pürieren und den restlichen Sirup unterrühren. In die Förmchen füllen und 2 Stunden gefrieren, bis die dritte Schicht ebenfalls fest ist.

5 Um das Eis herauszulösen, die Förmchen einige Sekunden in warmes Wasser tauchen und das Eis vorsichtig am Stiel herausziehen.

Eiskonfekt

Für 6 Personen   Vorbereitung: 25 Min.   Garzeit: 5 Min.
plus Gefrierzeit

Zutaten

600 ml Eiscreme nach Wahl

200 g Bitterschokolade

25 g Butter

Zubereitung

1 Ein Backblech mit Frischhaltefolie auslegen.

2 Mit einem kugelförmigen Eisausstecher aus der Eiscreme Kügel-chen formen und auf das Backblech setzen. (Alternativ dazu die Eiscreme in kleine Würfel schneiden.) In jede Kugel einen Zahn-stocher stecken und das Backblech ins Gefrierfach stellen.

3 Schokolade und Butter in eine hitzebeständige Schüssel geben und über einem Wasserbad zerlassen. Vom Herd nehmen. Die Eisbällchen aus dem Gefrierfach nehmen und schnell in die Schokolade tauchen. Wieder ins Gefrierfach stellen und erst zum Servieren herausnehmen.

Kürbis-streuselkuchen

Für 8 Personen | Vorbereitung: 50 Min. plus Abkühl- & Kühlzeit | Garzeit: 2 Std. 20 Min.

Zutaten

1,8 kg süßer Kürbis, halbiert und entkernt, Stiel und Fasern entfernt

140 g Mehl, plus etwas mehr zum Bestäuben

¼ TL Backpulver

1½ TL Zimt

¾ TL frisch geriebene Muskatnuss

¾ TL gemahlene Gewürznelken

1 TL Salz

50 g Feinstzucker

50 g kalte Butter, gewürfelt, plus Butter zum Einfetten

3 Eier

400 g Kondensmilch

2–3 Tropfen Vanillearoma

1 EL Demerara-Zucker

Streusel

2 EL Mehl

4 EL Demerara-Zucker

1 TL Zimt

2 EL kalte gewürfelte Butter

75 g Pekannüsse, gehackt

75 g Walnusskerne, gehackt

Zubereitung

1 Den Backofen auf 190 °C vorheizen. Die Kürbishälften mit der Schnittfläche nach unten in eine flache Auflaufform legen und mit Alufolie abdecken. 1½ Stunden backen, dann abkühlen lassen. Das Fleisch auslösen und im Mixer pürieren. Überschüssige Flüssigkeit abgießen. Abdecken und kalt stellen.

2 Eine Springform (23 cm Ø) einfetten. Für den Teig Mehl und Backpulver in eine große Schüssel sieben. ½ Teelöffel Zimt, ¼ Teelöffel Muskat, ¼ Teelöffel Nelke, ½ Teelöffel Salz und Zucker einrühren. Die Butter zugeben und alles mit den Fingern zu einem feinkrümeligen Teig verarbeiten. Eine Mulde in die Mitte drücken. Ein Ei leicht verquirlen und hineingeben. Mit einem Holzlöffel verrühren, dann den Teig zu einer Kugel formen. Den Teig auf einer leicht bemehlten Arbeitsfläche ausrollen und die Form damit auslegen. Die Ränder gerade abschneiden. Den Teig 30 Minuten kalt stellen.

3 Die Backofentemperatur auf 220 °C erhöhen. Das Kürbispüree in eine Schüssel geben und mit Kondensmilch und den restlichen Eiern verrühren. Restliche Gewürze und Salz zugeben, dann Vanillearoma und Demerara-Zucker einrühren. Den Teig mit der Kürbismischung belegen und den Kuchen im Ofen 15 Minuten backen.

4 Inzwischen die Streusel zubereiten. Mehl, Zucker und Zimt in einer Schüssel vermischen, die Butter in das Mehl hineinreiben und die Nüsse zufügen. Den Kuchen aus dem Ofen nehmen und die Temperatur auf 180°C reduzieren. Die Streusel auf dem Kuchen verteilen und weitere 35 Minuten backen. Aus dem Ofen nehmen und heiß oder kalt servieren.

Bananen-cremetorte

Für 8–10 Personen   Vorbereitung: 35–40 Min.   Garzeit: 25–30 Min.
plus Abkühl- und Kühlzeit

Zutaten

Mehl, zum Bestäuben

350 g fertiger Mürbeteig,
Tiefkühlware aufgetaut

4 große Eigelb

80 g Feinstzucker

4 EL Speisestärke

1 Prise Salz

450 ml Milch

5 Tropfen Vanillearoma

3 Bananen

½ EL Zitronensaft

350 g Sahne, mit 3 EL Puderzucker
steif geschlagen, zum Garnieren

Zubereitung

1 Den Backofen auf 200 °C vorheizen. Eine Teigrolle mit etwas Mehl bestreuen und den Teig auf einer leicht bemehlten Arbeitsfläche zu einem Kreis von 30 cm Ø ausrollen. Eine Pie-Form (23 cm Ø) damit auslegen. Den überstehenden Teigrand abschneiden, den Boden mehrmals mit einer Gabel einstechen. Backpapier und getrocknete Bohnen auf den Teig legen.

2 Im vorgeheizten Ofen 15 Minuten blindbacken, bis der Teig leicht gebräunt ist. Papier und Bohnen entfernen, den Boden erneut einstechen. Weitere 5–10 Minuten backen, bis er goldbraun und knusprig ist. Auf einem Kuchengitter vollständig auskühlen lassen.

3 Inzwischen Eigelb, Zucker, Speisestärke und Salz in einer Schüssel schaumig schlagen, bis das Eigelb blassgelb ist. Milch und Vanillearoma unterrühren.

4 Die Mischung in einem Topf bei mittlerer bis hoher Temperatur erhitzen und unter ständigem Rühren kochen, bis sie glatt und eingedickt ist. Auf niedrige Temperatur umschalten und 2 Minuten unter ständigem Rühren köcheln lassen. In eine Schüssel geben und zum Abkühlen beiseitestellen.

5 Die Bananen in Scheiben schneiden und in einer Schüssel sofort mit dem Zitronensaft mischen. Auf den Kuchenboden legen, mit der Creme bedecken und mindestens 2 Stunden in den Kühlschrank stellen. Mit der Sahne bestreichen und servieren.

Mango-Passions-frucht-Creme

Für 4 Personen   Vorbereitung: 20–25 Min.   Garzeit: Keine

Zutaten

1 Mango
2 Passionsfrüchte
300 g Sahne
40 g Feinstzucker
4 EL Weißwein

Zubereitung

1 Die Mango schälen, das Fruchtfleisch vom Stein schneiden und im Mixer glatt pürieren.

2 Das Fruchtfleisch aus den Passionsfrüchten herauslösen und die Hälfte davon unter das Mangopüree mischen.

3 Die Sahne mit Zucker und Wein in eine Schüssel geben und steif schlagen.

4 Das Mangopüree unter die Sahnemischung heben und die Creme in vier Dessertschalen füllen.

5 Die restliche Passionsfrucht darauf verteilen und die Creme sofort servieren.

Variation

Zur Verfeinerung des Desserts geben Sie über jede Creme weiße Schokoladenstreusel.

REGISTER

This edition published by Parragon Books Ltd

Parragon Books Ltd
Chartist House
15–17 Trim Street
Bath BA1 1HA, UK
www.parragon.com

Parragon Books Ltd
Chartist House
15–17 Trim Street
Bath, BA1 1HA UK
www.parragon.com

Realisation der deutschen Ausgabe:
trans texas publishing services GmbH, Köln
Übersetzung: Wiebke Krabbe, Damlos
Satz: Aicha Becker, München
Redaktion: Nazire Ergün, Köln

ISBN 978–1–4723–8087–6
Printed in China

HINWEIS
Sind Zutaten in Löffeln angegeben, ist immer ein gestrichener Löffel gemeint: Ein Teelöffel entspricht 5 ml, ein Esslöffel 15 ml. Sofern nicht anders angegeben, wird Vollmilch (3,5 % Fett) verwendet. Eier und einzelne Gemüsestücke sind von mittlerer Größe. Pfeffer wird grundsätzlich frisch gemahlen verwendet. Wurzelgemüse sollte vor der Weiterverarbeitung

geschält werden.

Garnierungen, Dekorationen und Serviervorschläge sind kein fester Bestandteil der Rezepte und daher nicht unbedingt in der Zutatenliste oder Zubereitung aufgeführt. Die angegebenen Zeiten können von den tatsächlichen abweichen, da je nach Zubereitungsmethode und vorhandenem Herdtyp Schwankungen auftreten.

Kinder, ältere Menschen, Schwangere, Kranke und Rekonvaleszenten sollten auf Gerichte mit rohen oder nur leicht gegarten Eiern verzichten. Schwangere und stillende Frauen sollten den Verzehr von Erdnüssen oder erdnusshaltigen Zubereitungen vermeiden. Allergiker sollten bedenken, dass in allen in diesem Buch verwendeten Fertigprodukten Spuren von Nüssen enthalten sein könnten. Bitte lesen Sie in jedem Fall zuvor die Verpackungsangaben.